ツレヅレハナコの南の島へ呑みに行こうよ！

ツレヅレハナコ

はじめに

この本を手に取ってくれた人のなかには、
「想像していた情報が載っていない！」と
おどろく人もいるかもしれません。
「南の島ガイド」風な割に、
ビーチアクティビティなどは出てこない。
その代わり、現地の人が通うおいしいレストラン、
衣食にまつわる生産者、島ならではの食文化などを
中心にご紹介しています。

きっかけは、私が石垣島へ２か月ほど滞在して、
車の運転免許をとったこと。
毎日、ママチャリで自動車学校へ通い、
夜は現地の友人たちと島中を呑み歩く日々。
そして気づいたのは、移住者が多い島には、
現地の食材を上手に使う店が多くあることでした。
イタリアン、フレンチ、メキシカン、バー……

島へのリスペクトがありつつ新しいことをしている、
めちゃめちゃ面白いお店だらけ！
もちろんゴーヤチャンプルーもいいけれど、
こっちも食べにおいでよと言いたくなったのです。

八重山諸島も奄美群島も、
外から訪れる人をおおらかに受け入れる楽しい島々。
風通しのいい服とサンダルで、出かけてみませんか。

ツレヅレハナコ

八重山諸島

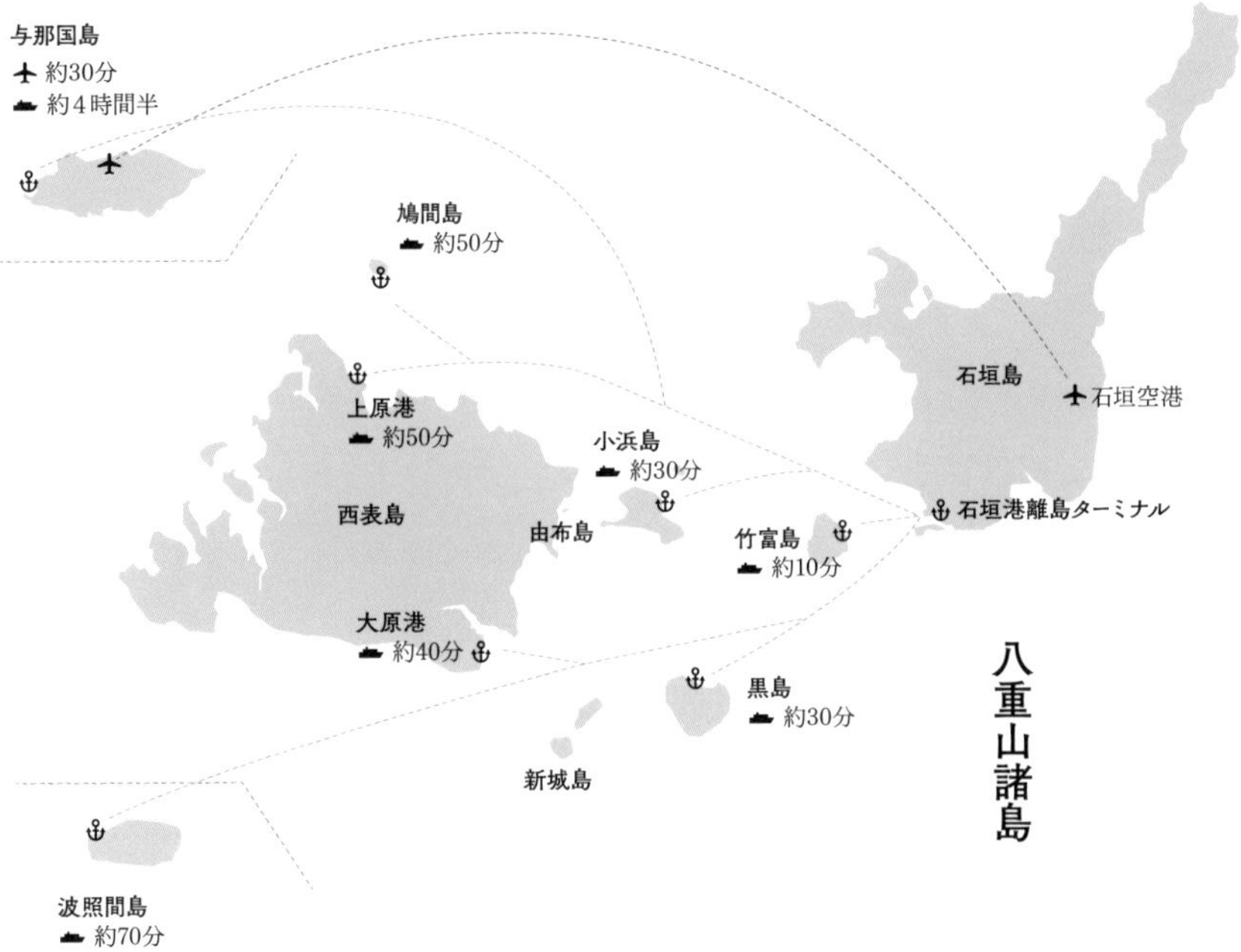
与那国島
約30分
約4時間半
鳩間島
約50分
上原港
約50分
西表島
由布島
小浜島
約30分
竹富島
約10分
石垣島
石垣空港
石垣港離島ターミナル
大原港
約40分
黒島
約30分
新城島
波照間島
約70分

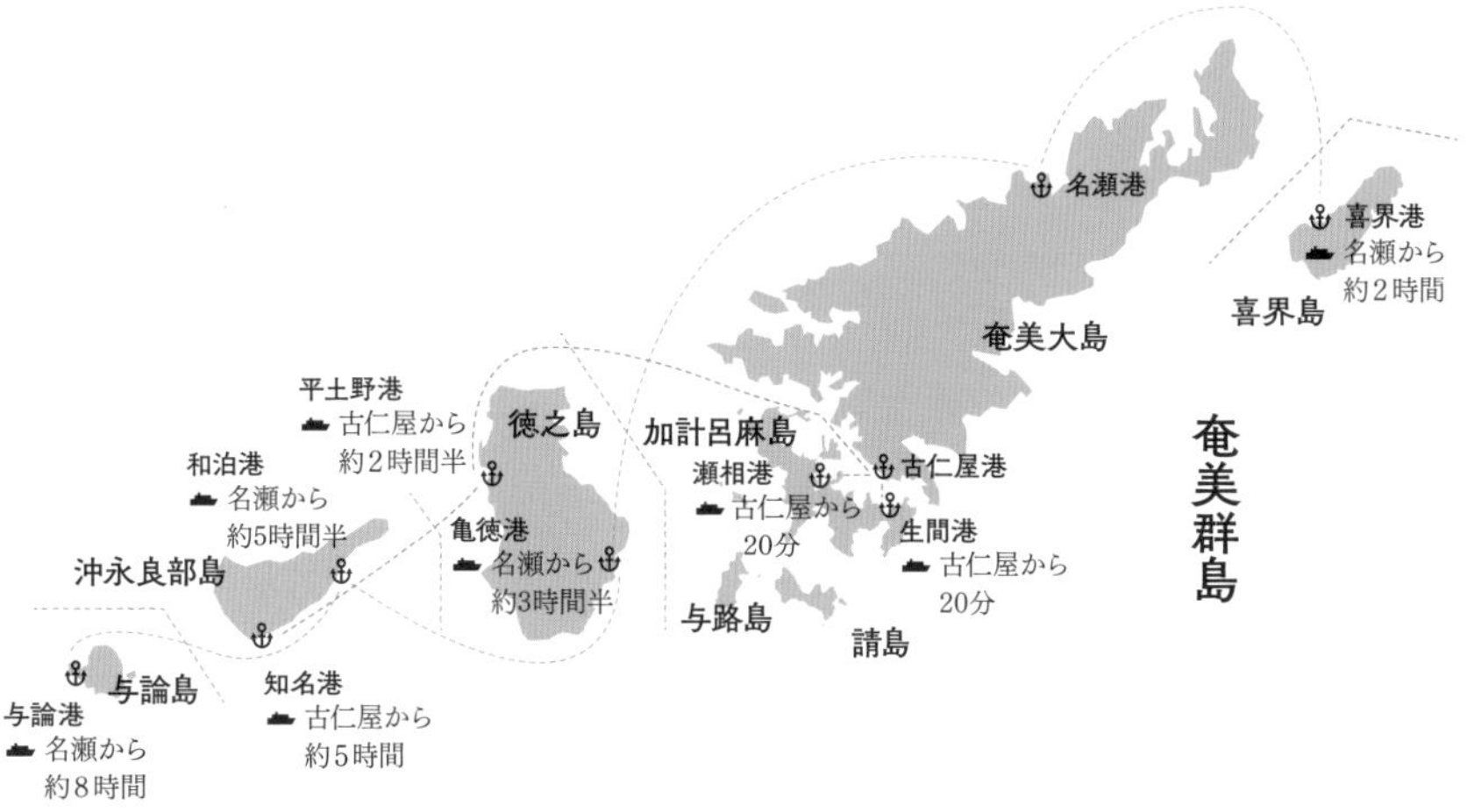

※全店の情報は、取材時当時のものになります。来店時はHPや電話にて確認を。

いざ、八重山諸島へ！
石垣島・竹富島・西表島

第1章

ハナコ的まちがいなしの石垣島「1日食べ歩き」

南の島でのんびりしたいと言っても、
何週間も休みが取れるわけはなく。
だからこそ、滞在中は
おいしいものだけを食べたい！
そんなあなたに行ってほしい、
ハナコ厳選１日モデル
飲み食いコースをご紹介します。
沖縄食文化に欠かせない老舗から、
都会な石垣島ならではのイケてる新店まで。
まずは胃薬片手にビーサンでゴー！

朝

とうふの比嘉

夜明け前からの仕込みに感謝！
五臓六腑に染みる私の二日酔い特効薬

島へ行く目的のひとつが「ゆし豆腐を食べること」。豆乳ににがりを入れてゆるく固めたものを、温かいままいただく独特な豆腐です。ひと口食べれば、ほわほわの食感に、濃厚な大豆の味と香り……。あー、うんまーい！

沖縄以外では法律で許可されない製造法（P58～）なので、食べるなら島へ来るしかない。でも、そのために航空券を買っても損はしません。泡盛を呑みすぎた二日酔いの朝、五臓六腑に豆腐が染みわたる感動といったら！

そんな豆腐を朝6時半から食べられるのが、「とうふの比嘉」。創業60年以上のゆし豆腐専門店で、さとうきび畑のど真ん中にお店はあります。ドアのないオープンな客席で南の風を感じながらオーダーを決め、のんびり待つのも至福の時間。ただし、朝から行列必至の人気店だけに、昼前に売り切れてしまうこともあるのでご注意を！

私がいつも頼むのは「ゆし豆腐セット（小）」。アツアツの汁にふわふわと浮かぶゆし豆腐、ふりかけごはん、漬物、できたての豆乳がセットになった定食です。汁には自然な塩味がついているので、れんげで豆腐とすくって一緒にどうぞ。私はそのまま食べきってしまうけれど、途中からテーブルにある辛みそを混ぜて味変しても楽しい。

東京の空の下、「石垣島に行きたいな」と思うときは、いつもここの客席に吹く風を思い出している。そんな気さえする、島を象徴するお店なのです。

豆腐に入れて磯の香りを楽しむ「アーサー（海藻）」、焼きたての「たまご焼き」、しっとりした「おから」を別注文するのも私の定番。たまに食べると妙にうれしいふりかけごはんも、パクリといきましょう。ごはんがおかゆになって、おからがつく「お年寄りセット（350円！）」は若い人でも頼めますよー。

Information

石垣市石垣 570
0980-82-4806
6:30 ～ 15:00
（売り切れ次第終了）
休 日曜

昼

八重山そば「長一楼」

これぞ「本物の」コージューシー！ そばもうまいが、ごはんも絶対食べるべし

「ピパーチ」の芽が
香りの決め手！

「こんなところに、そば屋があるのかなー」という場所に、「長一楼」はある。だって、入口から見る限り、そこは南国の植物がおいしげった庭。首をかしげながら緑の中を進むと、突然お店が現れるのです。

元マンゴー農園だった日当たりのいい店内。お客さんを見ていると、おかみさんと立ち話をしていく地元の常連さん率高し！ ここに来たなら、八重山そばにコージューシー（炊き込みごはん）がつく「八重山そば定食」一択！

そばのスープをひと口いただけば、ひと味ちがうとすぐにわかる品のいい味わい。その理由を聞くと、なんとご主人は「アートホテル石垣島（旧ホテル日航八重山）」で料理長も務めた経歴を持つお方なのだそう。そりゃ本格的なはずだわ……。「豚骨をきれいに下処理して、いろいろな野菜とじっくり煮込むのさー。秘訣は、スープがにごらない程度の弱火でゆっくりゆっくり煮ること。時間はかかるけど、澄んだスープのおいしさは段違いだからねー」。

さらに島では定番料理の「コージューシー」も何かが違う。そばだしで炊く五目ごはんだけれど、ここを教えてくれた「辺銀食堂」のぺんぎんあいりさん（P28）曰く「ピパーチ（島こしょう）の新芽が入っていないとコージューシーじゃないよー。面倒がって入れない店も多いけど、ここは本物！」と熱かった。そうか、このエキゾチックな香りの秘密が、南国のスパイス「ピパーチ」の新芽なんだね。

中心地から少し離れた路地にあるお店なので、表通りの看板をお見逃しなく。緑があふれる敷地内では、華やかな南国の草花はもちろん、のんびりひなたぼっこする島猫や島鳥の姿が見られます。看板メニューの八重山そばのほか、常連さんに人気なのはサクサクの「魚フライ定食」。輸入物の冷凍白身魚フライなんて厳禁で「ちゃんとした島のイラブチャーかアーガイしか使わないよー」とは、さすが元ホテル料理長のこだわり！

お待ちしてるさ〜

Information

石垣市登野城 1396
0980-83-0992
11:30 〜 14:30、18:00 〜 21:00
休 火曜

夜

ピッツァ ダ トゥッティ

移住者×島食材の見事なコラボに悶絶！いま絶対に行ってほしい絶品ピッツェリア

島食材とピッツァは
相性よし！

日替わりメニューの「カラマリ（イカ）とレモンのピッツァ」。定番メニューもめちゃうまながら、島産ゴーヤをのせた「チャンプルー」など変わり種も。

DISARONNO

元倉庫をリノベーションした店内。ところどころの倉庫跡がカッコいい！　ご主人の丹治智規さんが厨房、奥様の祐子さんがホールを担当。建物の隣には祐子さんが手がける超ステキなドライフラワーのアトリエ「papavel」もあるので覗いてみて。「自家製サルシッチャと這コショウのトマト煮」は必食！

初めて店に入った瞬間、思わず声に出ちゃったんですよ。「えー？　なに、この超シャレてるお店！」。

2019年4月オープン。東京の人気ピッツェリアで働いていた丹治智規さんが奥様の祐子さんと石垣島へやってきたのは、そのさらに3年前のこと。「後輩が故郷の島でピッツェリアを立ち上げるのを手伝いに来て。そしたら島を気に入っちゃって、僕たちも店を出すことにしたんです」。

東京仕込みのナポリピッツァはもちろん、一品料理に島の食材を使うことも多いそう。「なじみのない食材ばかりでワクワクしますよね。例えば、島で自生する這コショウという葉っぱで、自家製サルシッチャを巻いてみたり。トルコにはぶどうの葉で肉を巻くサルマという料理がありますが、そのイメージとイタリアのトマトソースを組み合わせています」。ほんのりスパイシーな這コショウの葉と肉のうまみ、そしてフレッシュなトマトソースは未知の出会い！　こんな使い方、島では初めてなんじゃないかな。

「ピッツァの持ち帰りを希望されるお客様も多いので、専用のボックスも用意しています」と聞き、「焼きたてが命なのに!?」と驚いたけれど、ここは石垣島。それが島の文化なら郷に従うべし。本場ナポリも実は持ち帰り需要が高い！　柔軟なその姿勢はすっかり島人だし、なんだかすがすがしい。それに、家で泡盛でピッツァってのも悪くないよね！

Information

石垣市登野城 518
0980-82-6030
17:30 ～ 23:00(L.O.22:00)
休 火曜・水曜

夜

かぶやぁ

国産ラム片手に夜をシメる
裏盛り場「十八番街」の名物バー

店に立つのは松本尚子さん(左)と長川千佳子さん(右)。八重山に 10 年以上通い続けての移住だそう。カウンターの木は島センダンで、島の木工作家に制作を依頼。落ち着く！「八重山の島々でも作られているさとうきびを原料にしたラムは、島で飲むとおいしいですよ」って説得力あるなあ。

禁断の「酒に合うカレー」！

「国産ラムがたくさん置いてあるバーなんだよ」。そんな話を耳にしたのは、長期滞在で泡盛に飽き始めていたころだった。いいねえ。ラムとか呑みたいねえ。しかも最近盛り上がっている、国産クラフトラム中心だなんて！

店があるのは「十八番街」と呼ばれるエリア。現在の繁華街・美崎町ができるまでは栄えたけれど、今はちょっとうらびれた雰囲気が漂うええ感じの一角です。個人商店のおいしい居酒屋も多いし、スナックやバーなどで夜をシメるならぜひこちらへ！

ほどよい暗さの店内に入ると、ラムやジンのボトルがズラリ。ひゅー！　上がるねえ。カウンターにはめちゃめちゃ感じのいい関西弁の女性二人が立ち、お酒を紹介してくれます。どちらも移住者だそうで、それぞれ元朝ドラの脚本家とデザイナーという異色の経歴。「ほかに自分がやれそうな職業を思いつかなかったんやけど、飲みには行くから飲み屋ならできるかなと思ったんですわ」というコメントにも酒好き同士のシンパシーが漂いますな。

国内外合わせて40種以上というラムだけでなく、珍しいリキュールを少しずつ試してみるのも楽しい。そして、小腹がすいたら「かぶやぁカレー（ちょこっと）」を！「お酒に合うように作ってあります」だそうで、確かに香りも辛さもちょうどいい。ごはんの量も選べるうれしい心遣いなので、罪悪感なく（？）いただけるはず。

Information

- 石垣市石垣 267
- 0980-83-4510
- 19:30〜翌 2:00
- 休 水曜

太陽を浴びたミントをたっぷり使う「石垣島ミントのモヒート」は一杯目にぜひ。店名の「かぶやぁ」は八重山の古い方言で「コウモリ」の意味。

COLUMN 01

ツレヅレハナコが聞く！

ぺんぎんあいりさんにとっての「石垣の魅力と懐の深さ」

「石垣島ラー油」で知られる辺銀暁峰さんとあいりさんご夫妻。石垣島に移住して21年、この島を愛してやまないお二人です。今回、改めて移住までの経緯と、島の〈食の魅力〉をあいりさんに伺いました。

辺銀さんの自宅の庭、通称「ペンギンガーデン」。ガジュマルの大木を始め、さまざまな野菜やハーブ、果物が育つ。

——あいりさん、こんにちは！　いつおじゃましても、「ペンギンガーデン」はエネルギーに満ちていますね。島とうがらし、ナナコトマト、パキスタンレモン……食べられるものしか植えられていない庭（笑）。

あいり（以下あ）　確かに食べられないのは、お花とガジュマルの大木くらいかなあ。今、お出ししたバンシルー（グァバ）ジュースも、ガーデンに昔からある木の果実をしぼったものだよ。

——あいりさんは東京出身・アメリカ育ちの雑誌編集者、ご主人の暁峰さんは中国・西安出身のカメラマン。そんなお二人が石垣島で「石垣島ラー油」を大ヒットさせ、この素敵な庭のある家に住んでいるって不思議なご縁ですよね。

あ　私たちが島に移住してきたのは21年前。もともと私は紙すきの勉強をしていて、東京で作品を見て惚れこんだ石垣島の紙職人さんを訪ねたのがきっかけだったの。そのときに「舟蔵の里」（P34）で食べた八重山料理がおいしくてね。移住を決めた後、店で働きながら八重山の食文化をみっちり教えてもらいました。

地元でも大人気！

野草や海でとれる海藻……「神様メイド」の食材を大切に使うのが辺銀流

——辺銀家が営む「辺銀食堂」（P31）も20年目ですよね。島野菜や海藻を使ったナムル、カラフルな自家製皮の水餃子……。島の食材をたっぷり使っているけれど、八重山料理とはまったくの別もの。島の食材を自由に使う面白さってどんなところですか？

あ　まず私たちが意識しているのは、なるべく「神様メイド」の食材を使うこと。もちろん人が育てた食材も必要だけれど、例えばオオタニワタリ（シダ科の植物。新芽を食べる）や、春になると海でとれるアーサー（海藻）……、野生や自生している食材をいかすように心がけています。

——「神様メイド」！　確かに島でしか味わえない食材は現地ならではの醍醐味ですね。島の産直に行くと、見たことのない食材も多くてビックリします。

1庭の壁には一面にピパーチ（島こしょう）が育つ。**2**商品は左から『辺銀食堂の石垣島ラー油（激辛）』（940円）、『辺銀食堂の石垣島ラー油』（888円）、『辺銀食堂のにんにく油』（888円）、『辺銀食堂の島こしょう（ピパーチ）』。**3**ガーデンのバンシルー（グァバ）で作ったあいりさんお手製ジュース。**4**「辺銀食堂」で提供される塩漬けもろみ豚の料理「スーチキ」。皮をカリカリに焼くのがおいしさの秘密。

あ　そうだね。食堂をしていてよかったなと思うのは、島のおばあちゃんたちが食事に来て「あいり〜、この野菜、こんなして食べるの初めてさ〜」と作り方を聞いて帰ってくれること。島の人たちが島食材の新しい食べ方を楽しむきっかけになってくれたらうれしいよね。

島食材を使った移住者ならではの新店に大注目！

——私は去年、石垣島で2か月暮らしたときに、島食材を使ったイタリアンやフレンチなど新たな飲食店が増えていることに驚きました。移住者の方が店を始められるケースが多いようですが、食材のアドバイスを求められることもありますか？

あ　移住者のシェフに市場で使い方を聞かれたりすると、「島の人はこんな風に食べるけど、私はこう料理したりもするよ」と紹介しているかな。逆に、やまと（本土）にしかなかった野菜も島に入り始めているからさー。市場で白かぶを手に困っているおばあの家へ一緒に行って、かぶの煮物を作ってみせたこともあるよ。「このかぶは煮くずれしやすいから気をつけてね！」って。

——家まで行っちゃうのが、さすがあいりさん（笑）。私も島の滞在中、あいりさんにいろいろなお店へ連れていってもらいましたよね。八重山の伝統料理をフルコースでいただける「こっかーら」（P40）には感激したし、八重山

カメラマンであり、辺銀食堂のシェフでもある暁峰さん。「もう地元では残されていない泡盛の古酒を集めています。いつか島に寄贈して、これまでの恩返しができたらいいね」。

島食材の可能性を最大限に引き出す
ワクワク必至の料理店

「辺銀食堂」の前菜「島野菜の盛合せ」。季節により内容が変わる。右上から時計回りに島にんじんのシリシリ、島いんげんのすり黒ごま和え、モーウイ（瓜）の白ねぎごま和え、島かぼちゃのサーチャージャン和え、青パパイヤのニラツナ和え、プチトマトのマリネ。どれも島野菜の魅力を引き出すシンプルな調理法。「うちのレシピは全部オープン。気になるものがあれば聞いてね」（あいりさん）。

そばの「長一楼」（P20）も何度もおじゃましたなあ。

あ　八重山そばの店はたくさんあるから、自分好みの店を見つけるのも楽しいよね。ソーキそばはあそこ、テビチそばはあそこ……みたいに。どんどん新しい店もできているのも楽しいところ。ハナコが好きだったけれど移転したフレンチも復活した!

――おお!　元「ガッジョディーロ」あらため「rokusyo」ですよね。とてもセンスのいいフレンチだったから、復活してうれしい限り。早く行きたい〜。

あ　ほかにもオススメは、「辺銀食堂」で長年ランチのシェフをやってくれていたスリランカ人のシャンくんが始めるスリランカ料理店。島の食材をたっぷり使った、唯一無二のスリランカ料理店になるはず!

――うわ〜。あのペン食（辺銀食堂）のスリランカカレーランチ、最高でした。

――昔からの八重山料理はもちろん、移住者が多いからこその新しい島料理を味わえるのが石垣島。辺銀家のおかげで、この島がますます大好きになりました!

あ　ハナコは島に行きつけのお店を作りまくっているもんね。今夜はどこへ飲みに行くつもり?　また泡盛を飲みすぎないで、ちゃんと帰るんだよ!

――はーい（小声）。だけど今夜もがっつり呑むぞー。それじゃあ、いってきまーす!

Information

辺銀食堂

石垣市大川199-1
0980-88-7803
19：00〜（完全予約制）
休 HPで確認を。penshoku.com
「ペンギンおまかせコース」
（19：00〜。9,900円のみ）

第2章
島に来たなら まずは一皿！ やっぱり食べたい 沖縄料理

プチプチ海ぶどう、ねっとり豆腐よう、
がっつりチャンプルー、
そこに、冷えまくった
「オリオン」の生ビールをグビリ！
沖縄民謡をバックに
めくるめく地元の泡盛を呑み比べたら、
もちろん翌日は激しめの二日酔い……。
ああ、これぞ琉球の宴の洗礼。
そんな、「沖縄に来たぜ！」的な食事は、
何度来たってきっちり押さえたいもの
（もちろん初めてでも！）。
観光地だけあって町には
島料理の店が数多くあるけれど
「私が行くのはいつもココ！」
というハナコの定番店をどうぞ。

舟蔵の里

南国に来たぞ気分をがっつり味わう！
琉球古民家で楽しむ絶品島料理

石垣島に初めて来た友人がいたら、まずはこのお店へ連れて行きます。「ゴーヤチャンプルー！」「海ぶどう！」「アーサーの天ぷら！」。大丈夫、全部あるよー。

三千坪の広大な敷地内に建つのは、ザ・八重山気分を味わえる琉球古民家。赤瓦のエントランスを抜けてシーサーの出迎えを受けたら、店内の奥へ続くお座敷へ陣取りましょう。さっそく「オリオン」の生ビールでカンパイしたら、これぞ島料理なラインナップのおつまみを堪能！

私が必ず頼むのは「イカスミこーじゅーしー（炊き込みごはん）」。島では定番のメニューですが、ここのは味つけが抜群によくてクセになる一品。味わい深いかつおだしとイカスミで炊いたパンチのあるごはんものなので、泡盛のお供にもぴったりです。歯と舌は真っ黒になるけれど、南国モード全開で気にせずワシワシ食べてほしいなあ。

毎晩、客席でおこなわれる唄三線と八重山舞踊のライブも必見。ベテランの唄者と踊り手が息を合わせる様子は圧巻で、観ていると「島に来たぞ！」感も倍増のはず。泡盛を呑みながら音楽に身をゆだねるもよし、なんなら一緒に唄って踊るもよし。自由に楽しんで！

また、敷地内の古民家にあるのがギャラリーショップ「邑《むら》」。センスのよい沖縄陶器や琉球ガラス、藍染めなどが置いてあり、私も何度ここで皿やグラスを買ったことか。興味がある人は、ぜひ帰りに覗いてみてくださいね。

真っ黒な歯で
イカスミごはんを！

ゴーヤチャンプルー、島らっきょう、海ぶどうなど定番の島料理がズラリとそろう安心のお店。「イカスミこーじゅーしー」のほか、島の田芋を練って作るもちもちの揚げもの「どぅる天」もうまい！　広大な敷地内に建つ８棟の古民家は、少しずつ時間をかけて島の各地から移築してきた歴史ある建物。メインの「郷土料理棟」のほか、ギャラリーやカフェ、宴会場もあり。中心地からは車で５分ほどかかるけれど、そのぶん落ち着いた静かなエリアにあります。

Information

石垣市新川 2468-1
0980-82-8108
郷土料理棟は、11:00 ～ 14:00、
17:00 ～ 22:00(L.O.21:00)
茶房棟は、11：00~22：00
休 無休

島の食べものや南風

初日の夜はココと決めています！
おひとり様歓迎の気楽なカウンター

私が石垣島へ向かうときは、大抵ひとり旅。宿に荷物を下ろしてひと息入れたら、まずは向かうのが「島のたべものや南風《ぱいかじ》」です。

島の中心地にある商店街に建つ居酒屋で、いつもお客さんでいっぱいの人気店（だから、ひとりでも事前の予約は必須！）。島料理がメインの店だけれど、その味と雰囲気のよさから地元民のファンも多いそうです。

ひとりで座るのはカウンター席。目の前には八重山が誇る泡盛ボトルがズラリと並び、「さあ、今回の旅はどの泡盛からいこうかな」と心の中で腕まくりするのもいつものこと。オリオンビールで渇いた喉をうるおしたら、泡盛の3合瓶ボトルを頼んで水割りに。もし飲み切れなければ、宿に持ち帰ればいいんだもーん。

おつまみはどれもおいしいけれど、ここに来たならまずは「島豆腐のにんにくじょうゆ」。水けの少ない硬い島豆腐の表面をガリガリに揚げてあり、かじればアツアツの豆腐にじゅわっとにんにくじょうゆ！　はー、たまらんー。ひとりならハーフサイズも選べます。磯の香りがうれしい「アーサー（海藻）の天ぷら」や、石垣島の山菜「オオタニワタリ」のサラダや炒め物なんかもテッパン！

お店のスタッフは、みなキビキビかつフレンドリーなのでひとりで過ごしていてもリラックス。「ひとり酒歓迎！」の雰囲気がうれしい、居心地のいいお店なのです。

人生ベストワン
ヒラヤーチー!!

いつもワイワイにぎわう店内。観光客はもちろん、地元民同士で飲むときも定番人気の居酒屋です。カウンターのほかテーブル席やお座敷もあり、ファミリーでも安心。こちらで食べられる「ヒラヤーチー（沖縄風の薄いお好み焼き）」は、ハナコ的人生ベストワンヒラヤーチー！だしが効いたフワフワと軽い生地はかつてない味と食感……。紅しょうが、マヨネーズのほか、粒マスタードをつけるのがポイントです。

Information

- 石垣市大川 219
- 0980-82-6027
- 17:00 ～ 24:00
- 休 日曜

森の賢者

がんばって予約を取る価値あり！
無添加つまみで島食材を堪能

うす衣でサクサク！
麗しの島野菜天ぷら

店主の鈴木淳さんが、ひとりで厨房を切り盛りする。カウンターには老若男女のお客様が集い、ワイワイ食事を楽しむ様子が印象的。石垣島では「秋を告げる植物」と言われる「ヤモミ（シマヤマヒハツ）」の実を漬けこんだ自家製酒も。料理やお酒のことも、鈴木さんにいろいろ聞きながら楽しんで。

島の友人たちと食事する店を選ぶとき、必ず候補に挙がるのが「森の賢者」。おいしくて、島の食材がたっぷり使われていて、オリジナリティがあって……。例えば前日に予約の電話をして、もし席を取れたならばラッキー。97年創業の老舗なのに人気が衰えないすごい店だと思う。

その理由は、店主の鈴木淳さんがイメージする店のあり方。「島のおばぁたちが作る地元の食材を使った料理は、どれも体によい〈命薬《ぬちぐすい》〉です。季節ごとの食材、古くから伝わる独自の調理法……、もちろん添加物は一切使いません。自分もそんな料理を出そうとしていたら、気づけばポン酢などの調味料も自家製になっちゃいました（笑）」。

長野県出身、趣味の自転車旅で訪れた石垣島に魅せられて95年に移住した鈴木さん。きっと、その当時は今以上に昔ながらの食文化が豊かな島だったんだろうなあ。

冷凍ものは使わないので海がシケれば刺し身は一切なくなるし、料理にのせるかつおぶしは注文が入るごとに削る。どの料理も手間ひまを惜しまず作られていることが、ひと口食べればすぐにわかるはず。

店中の壁やカウンターに並ぶカラフルな自家製酒も、お酒好きなら目移り必至。「ニガナ」や「月桃の葉」など初めて聞くような島の食材も漬けこまれ、今や全70種にもなるのだとか。「体によさそうだから、もう1杯！」なんて言いつつ、南の島の夜をゆるゆる過ごすのもいいよね。

「近海魚のカルパッチョ」は、自家製ドレッシングに長命草がパラリ。もろみ豚を島のハーブと塩漬けにした伝統料理「スーチカー」も人気。

Information

- 石垣市新川 49-2
- 0980-83-5609
- 18:00 〜
- 不定休

八重山膳符 こっかーら

これが「八重山料理」だったのか！
伝統を味わう繊細フルコース

古文書料理の
フルコース！

コースの一例。上段右から紅麹の豆腐よう、かんぞうの花やローゼルの漬物、島魚の刺し身のスーナ酢みそ和え、白みそ仕立てのラフテー、胡瓜とモヤシのピーナツ和え、ゴーヤのすりながしのパッションフルーツのせ、田芋の天ぷら、ジーマミ豆腐、オオタニワタリとアダンの新芽とちんちん豆腐の炊き合わせ、伝統炊きこみごはん。どれも先祖より受け継いだ秘伝の料理で、その繊細さにおどろくはず。夜のみ（6,000円※税別）の完全予約制。サービスはご主人、調理は奥様がおこなっている。

Information

- 石垣市大川 839-1
- 0980-88-8150（完全予約制）
- 18:30 ～ 21:30
- 不定休

もう何度目かわからないくらいの石垣島で、「八重山料理は、ひと通り食べた」なんて言っていた私。でも、このお店に連れてきてもらって、「失礼しました!」と頭《こうべ》を垂れたのでした。

中心地から車で10分、木々を分け入った山の入口に現れる赤瓦の一軒家。こちらでは、ご主人の生家である「旧宮良殿内《きゅうみやらどんち》」に代々伝わる献立書をもとにした「八重山膳符《ぜんぷ》」と呼ばれる伝統料理のフルコースがいただけます。「旧宮良殿内」とは、琉球王朝時代に八重山諸島での役人の最高職のひとつ「宮良間切り」の頭職となった宮良親雲上當演が、首里の士族屋敷同様に伝統的な琉球の建築様式にのっとり建造した私邸。建物自体が国の重要文化財だそうで、それを聞くだけでも歴史と格式の高さがうかがえる! 落ち着いたお座敷でいただくのは、アダンの新芽やオオタニワタリなど、八重山ならではの食材をふんだんに使った繊細な伝統料理の数々。現在の八重山料理の原型って、きっとこんな感じだったのかしら。

「料理はもちろん、建物、飾る軸や壷、食器、酒器まで、現地に伝わるものをご紹介しています。祖先から受け継いだものや、島の職人が作ったものを大切にしていきたいと思います」とご主人。そうか、この空間がお店の外とは別世界のように感じるのは、きっとそんな歴史が詰まっているからなのかもしれないな。

他にもある！ 地元料理の名店・・

専用蛇口から出る泡盛は飲み放題！

① さつき

中心地にある大箱の大衆居酒屋。目玉はカウンターについた専用蛇口から出る泡盛飲み放題！……のはずなのに、頼んでいる人は少ないような。地元の人が集うザワザワとした日常具合が居心地よくて、主にひとりで行きます。おつまみは必ず「ポーク卵」を頼むけれど、ひとりでは量が多すぎていつも食べきれないのもお約束。

☎ 0980－83－0980

② 海人居酒屋 なつや

元東京の代理店勤務だったオーナーが「漁師になる！」と島に移住して開いた居酒屋。当然、オーナーが釣った魚など海鮮が絶品！ でも私のお気に入りは、「豆腐ステーキ」。島豆腐を鉄板で焼いて、甘辛いソースと半熟の目玉焼きをからめていただきます。古酒も含めた泡盛はもちろん、島ではまだ珍しい全国の日本酒も豊富に揃うのが嬉しい。

☎ 0980－82－0948

黄身をソースにする絶品豆腐ステーキ

③ 酒肴屋 迷亭

ひとひねりした創作島料理が食べられる、東京出身のオーナー夫妻による人気居酒屋。「自家製ツナとゴーヤのポテトサラダ」「島バナナのエビチリ」など、他で食べられないつまみが揃います。「島野菜の前菜」は数種の野菜料理が盛り合わされてヘルシー！

私が必ず頼むのは自家製レーズンバター。ホイップしてあるバターは、ふわふわの口当たり。それを沖縄の塩せんべいにのせるのが甘じょっぱくてたまらない！ ああ、お酒が進むー。

☎ 0980－87－0880

島野菜たっぷりの前菜盛り合わせ

④ キミ食堂

八重山そばのスープは、かつおだし＋豚骨スープに塩としょうゆが定番。でもこちらの名物は、なんとみそ味！ 私も初めて食べたときは意外でしたが、ピリ辛でクセになる味なのです。しかも「スペシャルそば」のトッピングには目玉焼きとレタスともやし。オリジナリティあふれる組み合わせですが、意外にもスープに合う。店のやさしいおばぁが、帰りに黒糖をくれたりもします。

☎ 0980－82－7897

異色のピリ辛みそスープがクセになる

⑤ だんこう

中心地から少し離れた住宅地にある、ご夫妻で営む琉球一軒家居酒屋。いかにも長年、地元民に愛されていそうなシブい雰囲気が落ち着く！ カリカリトロトロ

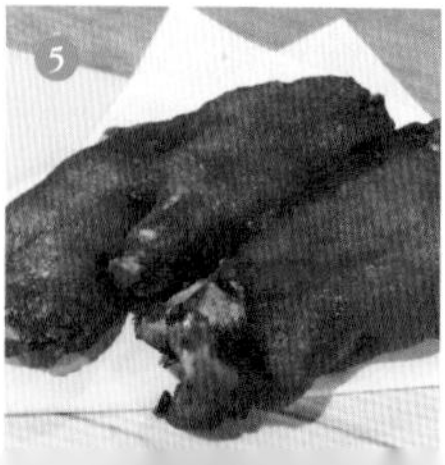

カリカリトロトロのテビチは必食！

の「揚げテビチ（豚足）」や、名物のもちもち「じゃがいもまんじゅう」はオーダー必須。「さきいかの天ぷら」も、つい頼んじゃうのよね。なんだか揚げものがおいしい店なのです。泡盛をボトルでもらって、のんびり飲むのが楽しい～。

☎ 0980－82－1598

夏場ならば 真っ黄色のヒヤチュー！

⑥でいご食堂

すぐそこは海なロケーションに建つ、真っ黄色の壁が目印の中華料理店。ラーメンやチャーハンなどもあるのですが、なんといっても名物は「冷やし中華」！ 一般的なものとは一線を画すビジュアルで、見渡す限り（壁と同じく）真っ黄色。山盛りの錦糸卵の下にせん切りのハムときゅうりが隠れています。食べるときは、よーく混ぜて混ぜて……。卵好きにはたまらない夏季限定の味なのです。

☎ 0980－82－7959

⑦コーナーズグリル

3等級以上のＪＡ石垣牛ステーキ、ハンバーグ、ハンバーガー専門店。私がよく食べているのは、石垣牛１００％の「アボカドチーズハンバーグステーキ」！ ２００ｇのパテはボリュームたっぷりで、かみしめるほどに肉がおいしい……。温まったアボカドをつぶして、パテと一緒にいただきます。セットにはライスかパンがついていますが、あえてパスしてオニオンリングフライを追加。ビールからの赤ワインを飲み始めちゃうのが定番コースです。

☎ 0980－82－8050

肉肉しさ全開の 石垣牛ハンバーグ！

⑧がんばり家

なんとも不思議な店なのです。石垣島にあるのに、なぜか名物はすっぽん、馬刺し、松前寿司、宮崎地鶏！ 移住前は大阪で10年店を出されていたと聞いて、なんとなく納得。すっぽん鍋を注文すると、さばくところから調理スタート。おいしい鍋を格安でいただけます。馬刺しも美しいし、宮崎地鶏も肉の味が濃厚。自家製燻製も注文必至で目移りしちゃう！

☎ 0980－83－3417

なぜか島ですっぽん・馬刺しを堪能

⑨炭火焼肉 やまもと

石垣島で最も予約が取りづらい店と言ってもいい「キングオブ石垣牛焼肉店」がこちら。もし予約できても、人気メニューは開店3時間後には売り切れというからすごい……。ちなみに、その人気メニューこそ「焼きしゃぶ」！ 網目状にサシが入った牛ロースをサッとあぶったら、オニオンスライスを巻いてパクリ。はー、とろけるー。なんたる幸せすぎる味！ 焼き肉なんて年に何回も食べられない胃腸となった年齢ですが、もしも食べるならここがいいなあ。スープなどのサイドメニューもお忘れなく。

☎ 0980－83－5641

島に来たなら行きたい レジェンド焼肉

COLUMN 02

ツレヅレ ハナコが聞く！

石垣の酪農家・田中英信さんの「亜熱帯でおいしいチーズを作るまで」

乳質が濃厚なので、小規模農場でも高脂肪・高品質なミルクがとれるとされるジャージー牛。つぶらな瞳がかわいいー！

「うちにいる牛は、沖縄の食材の名前がついているんです。この子はゴーヤちゃん、その子はグァバちゃん、あっちはフーチバちゃん……。飼っている牛に名前をつけている酪農家なんて、僕くらいじゃないかな」。そう言って笑うのはオーナーの田中英信さん。

ここは石垣島北西部の崎枝地区。中心地から車で30分ほど行ったところに田中さんが手がける「まぁじゅんのジャージー牧場」はあります。あたり一面は青々とした牧草でおおわれ、その草をのんびり食《は》みながら過ごすのは20頭ほどのジャージー牛たち。

「目が届く範囲の頭数しか飼っていません。自分がしっかりと手をかけて育てた牛のミルクだけでチーズを作りたいんです」

そう、田中さんは酪農家であるけれど、チーズ製造会社の社長でもあるのです。市内には「まぁじゅんのチーズ工房」という店舗があり、さまざまな乳製品を販売。私もよくモッツァレラチーズやクリームチーズを買っているけれど、ミルクの味わいが濃くてとてもおいしい！

「もともとは北海道で酪農を学んでいて、チーズ作りに出会いました。その後、さらに経験を積もうとフランスとスイスの牧場で2年間の修業。日本へ戻って自分のチーズ作りをしようと思ったとき、北海道ではなくまだ誰もチーズ作りをしていない石垣島で始めようと決めたんです」

最初は石垣島の大きな牧場で働いたものの、100頭以上もの規模ではすべての牛の面倒を見切るのは不可能。徐々に自分だけで世話

＼フレッシュなチーズは大人気！／

みんな並んで
ついておいで〜

田中さんが歩くと後をついて歩く牛たち。「農場見学、歓迎です！予約の電話を入れてからお越しください。崎枝地区は夕日の絶景スポットですが、日中の光もすばらしいですよ」（田中さん）。

ができる小さな牧場を開きたいという想いが生まれました。

「それも、ホルスタインより体つきは小さいけれど、濃厚なミルクを出すジャージー牛を育てたい！そう思い、最初は1頭から始めました。子牛から育てるとよくなつくのもかわいくて」

そう話す田中さんの笑顔は、完全に牛＝家族！「商売以上に、牛のそばにいるのが幸せ」というだけあって、早朝からチーズ作りを始める時間ギリギリまで牧場にいるのだそう。

「亜熱帯は酪農には向いていないと言われていますが、そんなことはないと僕は思います。さんさんと降り注ぐ太陽と、やらぶ岳から流れる栄養豊かな湧き水がよい草を育ててくれるから、牛もみんな元気ですよ」

朝に搾ったミルクは市内の工房へ運ばれ、夕方には田中さんやスタッフ2名でチーズやスイーツ作りが始められます。評判のモッツァレラチーズをはじめ、今や全国から注文が来る人気店。牧場見学をしてから食べたら、よりいっそうおいしく感じたのは間違いありません。

Information

まぁじゅんのジャージー牧場

石垣市崎枝555-256
0980-88-2319
14:00-18:00
休 不定休

まぁじゅんのチーズ工房

石垣市新栄町10-3
0980-82-7207
10:00-20:00
休 不定休

美崎町通り会
べて・歌って踊り・楽しさいっぱい！
と〜ら
FOR YOUR HAPPY TIME
Orion
オリオンビール

お〜
飲んで・

第3章

一食入魂！サクッとめしまでこだわりたい

雑貨も見ながら
涼んでいってね〜

「マミデリ」の「タコスホットサンド」は、沖縄らしいサンドイッチ。ボリュームがあって大満足。「ソレマーレ」の「島豆腐の冷製カッペリーニ」は島豆腐をソースにしていただくひんやり島らしい一品。「イルトレコルデ」の元気なスタッフや、「マヒナメレ」のオシャレカップルも島でお待ちしていまーす！

窯焼きピッツァ食べに来て！

海にも行きたい、
買い物もしたい、
のんびりもしたい……。
南の島に来たと言っても、
意外と予定は満載。
でもサクッと食事だからって、
「適当でいっか」では、
もったいなさすぎ！
一皿で満足できる
厳選メニューをどうぞ。

【カレー編】

常夏の島にはよく似合う

夏になるとカレーが
食べたくなるように、
暑い石垣島にいると
一年中カレーを食べたい。
その気持ちは島の人も同じなようで、
本格インドターリーなど
創意工夫をこらしたカレーが豊富です。
作り手の誰もが
「島にはカレーに合う食材がたくさんある」
と話すように、
「ここにしかないカレー」
そろってます！

ミールス全部のせ

アナンダキッチン

年に数か月はインドにゴー！
不定休も許せる
女子コンビカレー

島の野菜や豆を使った本格南インド料理。ミントライスも絶品！　年に数か月は店を閉めてインドへ行く女性二人で営業。

Information

石垣市大川 168
0980-83-1777
11:30 ～ 17:00
休 月曜

石垣牛咖哩

石垣島焼肉魚介 おりじん

月２回限定とハードル高し！
焼肉店の趣味全開ターリー

焼肉店で月２回だけ提供されるミールス。焼肉の仕込みで出る石垣牛の端肉を使ったスパイスカレーは贅沢すぎる味わい！

Information

石垣市石垣８
0980-87-6112
11:30 ～ 14:00、
17:30 ～ 22:00（L.O.21:30）
休 不定休

もちの木食堂

住宅街に突然現れる改築店舗
自家製ハンバーグが絶品

ふっくらジューシーなハンバーグがドーンとのったカレー。元ホテルの洋食料理長とあり、カレーもハンバーグも本格派。

Information

石垣市新川 2025-5
0980-87-5279
11:30 ～ 15:00、
17:30 ～ 21:00
休 火曜

ハンバーグカレー

【麺編】

伝統の一品からパスタまで

石垣島を歩けば
八重山そばの店にあたる。
そう言っても過言ではないほど、
島には八重山そば店があふれています。
そして、どの店もちゃんとおいしい。
だけど！　せっかく来たなら
「地元民の陰の定番」的な沖縄そばや、
島食材を使った
ほかの麺もぜひどうぞ。
新たな麺類とのおいしい出会いに
おどろくはず。

一休食堂

**ヤギ汁ビギナーは絶対ココ！
「くさくない」を保証します**

ヤギ汁初体験の人にこそすすめたい！　ていねいな下処理でヤギ特有のクセを軽減。フーチバー（よもぎ）増し増しで。

Information

- 石垣市石垣 716-1
- 0980-82-1803
- 11:00 〜なくなり次第終了
- 休 月曜

ヤギ汁そば

フーチバー山盛りで！

まつむとぅ家

**一面のアーサーにおぼれる
古民家のんびり座敷そば**

赤瓦の建物内は開放的なお座敷。足を伸ばしてくつろげます。そばが見えないほどのったアーサー（海藻）が最高！

Information

- 石垣市登野城 685-8
- 0980-83-4516
- 11:30 〜 15:30
- 休 営業日は予め電話等で要確認

アーサーそば

石垣島料理丸八

ついに奇跡の復活を果たした
レジェンドの「牛汁」を堪能

惜しまれて閉店した老舗そば店が復活！　特に「牛汁そば」は、牛テールをじっくり煮込んでにんにくを効かせた魅惑の味。

石垣牛そばにんにく牛骨だし

Information

- 石垣市真栄里 599-10
- 0980-87-5483
- 11:00 ～売り切れまで

多楽製麺

島ではアウェイのうどんも実力派
石垣牛の煮汁をからめてどうぞ

八重山そば全盛の島でキラリと光るさぬきうどん店。レアに火を入れた石垣牛しゃぶしゃぶとコシのあるうどんが相性よし。

Information

- 石垣市美崎町 11-5
- 0980-87-7132
- 11:30 ～ 14:00、18:00 ～ 24:00
- 休 不定休

石垣牛の肉しゃぶぶっかけうどん（冷）

ソレマーレ

島一番のマニアックイタリアン
地元食材のパスタは要チェック

イタリア修業経験を持つシェフが島食材を自在に操るイタリアン。近海本まぐろのからすみや日替わりパスタは注文必至。

Information

- 石垣市美崎町 2-5
- 0980-88-5760
- 18:00 ～ 23:00（L.O.22:00）
- 休 月曜

西表猪と島豚のソーセージとレンズ豆のソース
手打ちカヴァテッリ

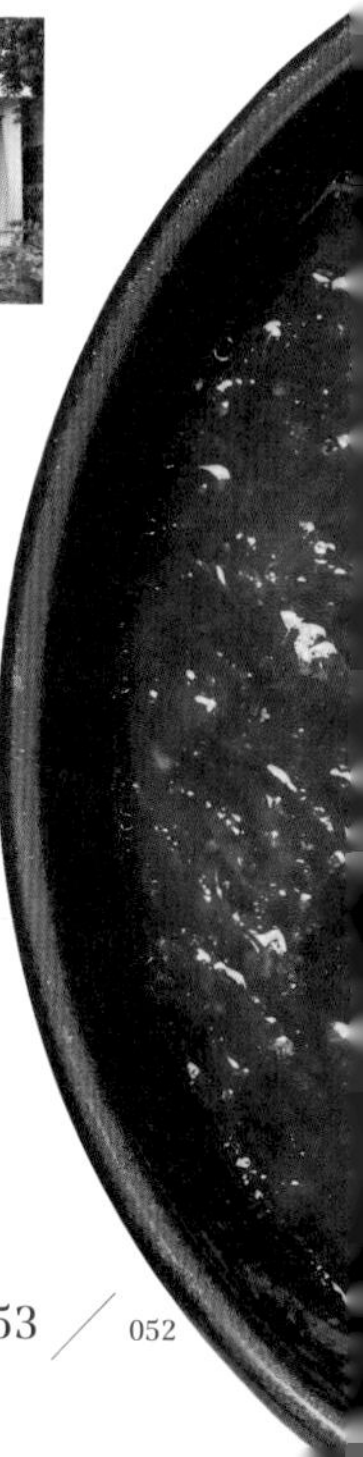

【バーガーetc.編】

片手でパクッといっとこう！

お店でゆっくり
味わうのもよいけれど、
「外で食べると気持ちが
いいスポット」も
島にはたくさん。
海辺まで散歩したり、
眺めのいい丘まで
ドライブしたり……。
そんなときの
お供に最適なのが
バーガー、サンド、タコス！
片手で食べられる
カジュアルメニューでも、
島食材をがっつり詰めこんだ
自信作ばかりです。

石垣島大自然バーガー

YAMBURGER 石垣島

**石垣島美崎牛のパテと島野菜
港を眺めながらほおばりたい**

パテは石垣島美崎牛100%、野菜は風味豊かな島産のレタスやトマト。島食材を詰めこんだ食べごたえ満点のハンバーガーです。

Information

- 石垣市美崎町 16-14
- 0980-87-6010
- 11:00 ～ 16:00（カフェ・ハンバーガー）、20:00 ～翌4:00（バー）
- 休 不定休

エルゴンズ タコス

コロナビール片手に
メキシカンを満喫！

石垣島初のタコス専門店。沖縄タコス特有のカリッともっちりコーン生地のタコスがうまい！自家製サルサでどうぞ。

Information

- 石垣市登野城 631-1
- 0980-87-5439
- 11:00 〜 21:00
- 休 不定休

VEGETABLE,
BEEF&TOMATO
タコス

マミデリ

紅芋に島フルーツサンド
のんびりできるカフェ

季節の島フルーツを使ったフルーツサンドや紅芋サンドが人気。店舗は中心地にあるので、カフェでの休憩もオススメ。

フルーツ&紅芋サンド

Information

- 石垣市美崎町 3
- 090-9781-1135
- 10:00 〜 18:00
  （土・日は 8:00 〜）
- 休 不定休

【ファストフード編】

サクッとはまだまだある

ビシッと一皿で
お腹を満たしたいときに
うれしいナポリピッツァは
ランチにオススメの一品。
また、オリジナルスイーツや
パンにも新メニューが
続々と登場中！
おいしいコーヒーを
飲める店も増えているので、
おやつも抜かりなく満喫して。

ピッツェリア イル トレコルデ

**島出身の主人が焼く本格派！
もちろんピッツァは窯焼きで**

石窯で焼くピッツァは必食！島野菜のハンダマを使ったピッツァや、青パパイヤのしりしりサラダなども◎。

Information

- 石垣市石垣 14
- 050-5595-6875
- 11:30 ～ 14:00（L.O.13:30）、17:00 ～ 22:30（L.O.21:30）
- 休 日曜、第 2・第 4 月曜（第 1・第 3 月曜ランチ休）

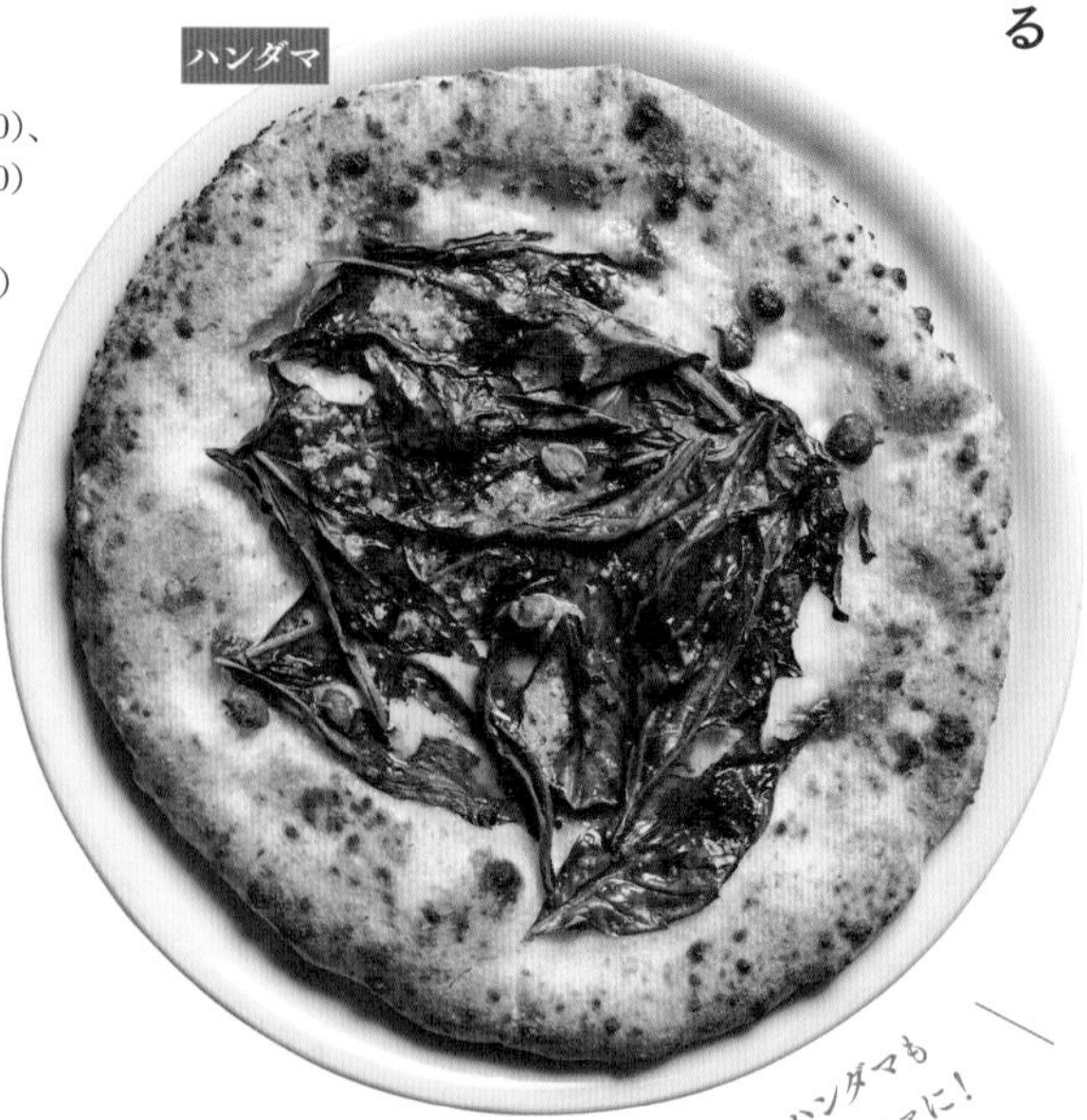

ハンダマ

ハンダマもピッツァに！

MAHINA MELE / Lino Coffee & Espresso

**島一番のオシャレ空間で
おいしいコーヒーとスイーツを**

欲しいものばかりある雑貨セレクトショップ内のカフェスペース。FREE Wi-Fi もあるし、オーナー夫妻が超ナイスカップル。

Information

- 石垣市登野城 9-2
- 0980-87-7098
- 9:00 ～ 19:00
- 休 火曜

@lino_coffee_espresso

マフィン&アイスラテ

海南鶏飯

ツル商店

シンガポール料理店で出会える本格派しっとりチキンライス

南の島の気候に合うシンガポール料理の中でもイチ押しは「海南鶏飯」！　しっとりチキンは３種の特製ソースで楽しんで。

Information

- 石垣市石垣 14
- 0980-88-7334
- 18:00 ～ 24:00
- 休 不定休。要確認

ブレッドジャンゴ

朝から行列ができる話題店 焼きたてパンはプライスレス

島では珍しいハード系のパンが豊富に揃います。ドライフルーツやスパイスなどお酒のつまみになりそうなテイストが満載！

Information

- 石垣市浜崎町 2-3-8
- 11:00 ～売り切れるまで
- 休 火曜・水曜

究極のファストフード あったかゆし豆腐と天ぷら文化

【ゆし豆腐編】
沖縄でしか食べられない!
アチコーコーのふんわり豆腐

「とうふの比嘉」のできたてゆし豆腐。昔、にがりではなく海水で固めていた名残で、今でもほんのり塩味をつけるのだそう。この水分を絞ると硬い「島豆腐」のできあがり。

オリーブオイルは
ゆし豆腐の友!

「毎日これが食べられるなら石垣島に住みたいな」と惚れこんだ食べもの。それが「ゆし豆腐」!

本州で食べる豆腐との違いといえば、まずは温度が違う。島にはできたての豆腐を、商店やスーパーに1日3回搬入する文化があるのです。豆腐店が運んだポリ袋入りの豆腐は、ゆるゆる形の定まらないまま。さわるとまだほの温かくて、このホヤホヤ感がたまらない!

そもそも作り方も仕上げ工程も違う。「水でふやかした大豆をすりつぶして〈呉〉を作る」までは同じですが、本州では「〈呉〉を煮てから絞っておからと豆乳に分離させ、にがりを入れて固める」。一方、島では「〈呉〉を絞っておからと豆乳に分離させてから、にがりを入れてゆっくり煮て固める」。だから完成しても温かいまま。

東京でも売ってくれないかなあと調べたら、実はこれって沖縄県だけの特別な法律で守られた文化なのだそう。現在の食品衛生法では、豆腐は一度水に放して冷却しなくてはいけない決まり。沖縄が本土に返還された際、これも当然適用されるはずが「アチコーコー（=アツアツ）の豆腐は

滞在時は毎日ゆし豆腐を買って、アパートで食べていました。そのときの様子は「Instagram」のハッシュタグ「#ツレヅレハナコの毎日島豆腐」に残っています。

沖縄の食文化だ！」と猛反対して特例地となったのだそう。確かに、これがなくなるなんて宝の消失！

おすすめの食べ方は、まず塩だけを軽くふって汁ごとひと口。大豆のうまみが舌いっぱいにふわっと広がり、これぞゆし豆腐の神髄！　朝は、塩とオリーブオイルをたっぷりかけて。夜は、ひと手間加えて泡盛のお供に。薬味をかけたり、天かすをのせてみたり、アレンジは無限大。滞在時はハマって毎日食べ続け、ゆし豆腐のない島生活は考えられないほどになっていました。旅行中ならホテルに持ちこんで根性で食べる手もあるけれど、専門店「とうふの比嘉」（P18～）へ朝食を食べに行くのもオススメです。

何でも売っていそうな東京なのに、どれほどお金を出しても買えないアチコーコーのゆし豆腐。現地まで行かなくては食べられないところが、なんとも食のロマンを誘います。「あのふわふわの豆腐が食べたい！」。そのシンプルな欲望に身を任せ、私はまた石垣島へのチケットを買っちゃうのだろうな。

【天ぷら編】
揚げたてホクホクはビール必須　さしみやで買える伝統天ぷら

紙袋にガサッと入れてくれるよ

港の目の前にあるさしみや「マルハ鮮魚」。新鮮な刺し身はもちろん、白身魚の天ぷらも販売。すばらしいのはテーブルと椅子完備で、冷えたビールも売っていること！

島内を歩いていると、いたるところで「さしみや」と書かれた看板が目に入ります。その名の通り、魚のお刺し身を売っている店なのだけれど、もうひとつのお目当てメニューが「天ぷら」！

店頭で「３００円分」「５００円分」と値段を言うと、その量だけ揚げたてアツアツ天ぷらを紙袋にガサッと入れてくれる仕組み。油が染み出た紙袋とコンビニで買った冷えたオリオンビールを持って、港でハフハフ食べるのがサイコーなのです。

いわゆる本州の天ぷらとは根本的にいろいろ違っていて、まず揚げるのは魚やイカ、もずくなど「海の食材」のみ。「さしみや」では、レンコンやらアスパラやらは揚げません。さらに衣も「サクサク」とは縁遠い、どちらかといえば「もちもちふわふわ」？　ホットケーキのような食感と言えばいいのかな。

そもそも始まりは、漁師さんと奥さんが営む「さしみや」のシステム。旦那さんが捕ってきた魚を奥さんがさばいて商品の刺し身にするのだけれど、どうしても売り切れずに余ることがある。そのとき、「ダメになる前に」と油で揚げたのが沖縄の天ぷ

「さしみやの天ぷらMAP」を作ってみたいほど、島中にさしみやがある。家庭ごとに贔屓の店があるそうで、食べ比べると味も食感もかなり違うのだとか。奥が深い！

らの始まりだったとか。だから今でも、天ぷらの販売開始時間は遅めです。

そもそも暑い土地なので魚も傷みやすいし、昔はよい冷蔵技術もあまりなかったんだろうな。今は、それだけが理由ではないだろうけれど、天ぷら文化は健在。そういえば沖縄料理は揚げものが多いのも、同じ理由なのかしら。

衣がもちもちふわふわなのは、昔からベーキングパウダーを使う食文化があったから。お菓子の「サーターアンダギー」や「ポーポー」にも必ず使う魔法のふくらし粉。天ぷらの衣はかなり分厚い……というか、ほとんど衣を食べているのでは？的な厚さ！　最初から塩味がついているけれど、ソースをかける人もよく見かけますね。

お店によって、「ここは魚とイカのミックスがある」「もずく天ぷらがおいしい」など個性もいろいろ。なかには港の前にテーブルと椅子が並べてあり、生ビールを飲めるさしみやまであります。

自転車で店へのりつけ、サクッと買っておやつに、晩酌に、みんなの集まりの手土産に。そんな気軽な天ぷら文化が、いつもうらやましくてならないのです。

第4章

さっそく昼から飲みたい もちろん深夜も飲みたい

この状態も「島時間」と
呼ぶのかはわからない。
でも、石垣島で営業する飲食店は、
やたらと営業時間が短い！
（注：東京比）
朝は遅く開き、夜は早く閉まり、
お昼休みもしっかりとる。
それが島の基本。
とはいえ、観光客にしてみれば
せっかくの休暇。
昼間から飲酒したいし、
なんなら夜は2軒目だって……。
そんなときは、ハナコが
足と口コミで辿り着いた、
こんなお店へかけこむべし！

明るいうちから
飲んでってや～

海BAL るすた 美崎店

明るいワインと絶品つまみ！
昼も夜も通える港の給水所

大阪でワインバーを経営していたオーナー夫妻が、石垣島へ移住して始めたカリフォルニアワインバル。空港近くにはサンドイッチ＆ワイン小売りの店「島サンド るすた」もあります。島食材を使った日替わりつまみメニューから、ていねいに仕込んだシャルキュトリーやバスクチーズケーキまで人気メニューも多数。入口すぐのスペースはワインや調味料などの小売りセラーになっていて、購入したものを店内で飲むこともできます（開栓料別途）。

めくるめく
カリフォルニアワイン！

Information

石垣市美崎町 2 大和ビル 北側 1F

0980-87-6290

12:00 ～ 22:00

休 火曜

島に滞在しているときは3日と置かずに訪れるのが、港の目の前にあるこのバル。なにしろ正午（12時）から22時までの通し営業。店に入ると元気な名物オーナー・ゆきちゃんが「いらっしゃーい！」と迎えてくれます。ワインはオーナー夫妻が得意とするカリフォルニアを中心にしたグラスが随時9種（！）以上&つまみも気の利いた手ごろでおいしいものが勢ぞろい……。もうそんなの、通わないわけにはいかないよねえ。

私が行くのは、たいていひとり。フェリーに乗る前に昼から泡を軽く1杯のときもあれば、さんざんほかで呑んでからの閉店間際に立ち寄るときもあります（いつも酔っぱらいでゴメン……）。定番の生ハムを原木から切ってもらうのもよし、私が愛する「島豆腐とくるみのペースト」をバゲットに塗るのもよし。大阪のワインバーで腕を磨いたゆきちゃんのつまみは酒泥棒！　日替わりの黒板メニューを眺めているだけで、目移りしてしまうのです。もちろんみんなでワイワイ行って、セラーのワインを景気よくボトルで開けるのも楽しいー。

昼でも夜でもこの店のカウンターは明るくて、心からリラックスできる空気に満ちている。ベタな南の島要素はさほどないのに、グラスを片手に窓から港をぼんやり眺めていると「島に来たなあ」としみじみせずにはいられない。そんな私の愛する給水所なのです。

バガブンド

流浪の現地修業の末に辿り着いた 島食材メキシカンでテキーラを

存在感のあるカウンターチェアは現地から持って帰ってきたもの。こだわりのテキーラ各種ほか「フローズンマルガリータ」などのカクテルも豊富にそろいます。テキーラを頼むとついてくるのは塩、ライムのほか、トマトジュースを島あさりの出汁、オレンジジュースとスパイスで割ったスパイシーな「サングリータ」というチェイサー。交互に口に入れて味わって。珍しい「豚すね肉とサボテンのテリーヌ」や、島唐辛子を素焼きにしてつぶして作る辛いディップも人気。

店名の「バガブンド」とは、「放浪人」という意味らしい。

店主の川上史生さんは、まさに15年ほど前に大阪から単身でメキシコへ渡り、現地のレストランを「放浪」するかのように働き歩いたそう。

「日本のメキシコ料理店で働いていたけれど、本物を習得したくて。あてもないのに現地へ行き、スペイン語で『働かせてください』とだけ書いた紙を店の人へ見せて頼みこみました」。その甲斐あって、無給の研修生から正規のスタッフへ。日本に戻って大阪や東京で働いてからも縁は続き、メキシコで知り合った石垣島の友人から「島でメキシコ料理店をやらないか」と声がかかったのは11年前のこと。そして今や、老舗の貫禄を見せる人気店に！

店内にはラテンの香りあふれるメキシコの家具やグッズがズラリと並び、いるだけでテンションが上がるー！　ランチタイムからでも各種テキーラが飲めるし、私はシメのバータイム的におじゃますることもしばしば。

島の食材がふんだんに使われているけれど、どれもしっかりメキシカン。「メキシコも石垣島も暑いところなので食材の相性はいいですね。なかでも少し酸味がある島唐辛子は、現地の唐辛子に近いものがあるんですよ」。

テキーラを飲んでいると、一瞬ここがどこなのかわからなくなるほどのトリップ感。全国どころか世界中の文化が交じり合う、なんとも石垣島らしいお店のひとつなのです。

定番のサルサチップスなどのほか、黒板の日替わりメニューには「まぐろと長命草のセビーチェ」や「島たことマッシュルームのアヒージョ」など島食材のメニューも満載。

Information

石垣市大川 188
0980-83-9278
ランチ & テイクアウト 12:00 〜 16:00（売り切れ次第終了）
18:00 〜 23:00(L.O.)
休 日曜

めし屋 つるかめ

定食屋だけど昼からメガジョッキ
琉球おふくろの味で昼酒歓迎！

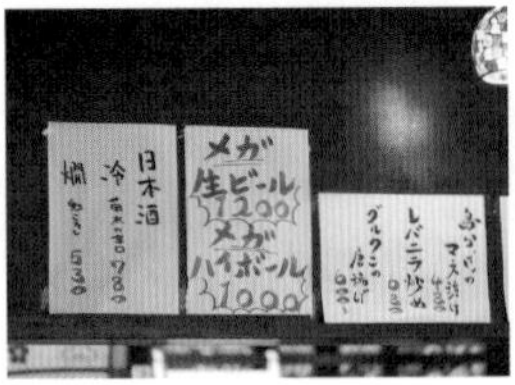

南の島の光が降り注ぐお座敷でのんびり呑むのもいいし、カウンターでテレビを見ながら呑むのもバカンス気分！　泡盛は、グラスもボトルもそろっています。島らっきょうやミジュン（小魚）の天ぷら、イカの肝炒めほか、薬味がたっぷりのった島豆腐は必ず頼む一品。昼でも夜でもごはんや小鉢がついた定食を頼めるので、「呑みたい派」「ごはん派」が一緒に訪れても楽しめるのが、さすが「めし屋」！　メガジョッキはハイボールほか生ビールもあり、手で持ち上げるのが重いほどだけれどお得感は満載。

Information

石垣市大川 287-2 ミカサ商事ビル1F
0980-82-0667
12：00 ～ 15：00（売り切れ次第終了）、18:00 ～ 24:00(L.O.23:00)
休 木曜

この店へ初めて来たのは、石垣島での教習所通いも中盤を過ぎたころだと思う。いつものように教習を終え、ママチャリに乗ってランチの店を物色していると目に入った「めし屋」の文字。観光客が集まるメイン通りからは少し離れた場所にあり、なんとなく心惹かれて入店したのがきっかけです。

店内にはカウンターとお座敷があり、お客さんのほとんどが地元民っぽい。お母さんらしき女性と息子さんらしき男性がカウンター内で作業しており、メニューを見ると定番のチャンプルーや八重山そばがズラリ。ふむふむと眺めて「中身汁（モツ汁）定食」を頼みましたが、中身汁はもちろん、ちょこちょこついてくる小鉢がきちんとおいしい！　「マットーな沖縄の家庭の味だなあ」と感心しながらメニューを見ていると、単品メニューも充実している……。ん？　ここって、昼から呑めるんじゃない？

聞くと、夜のメニューも一部ならば昼から出せるとのこと。ならばと、それからは昼呑み目当てにひとりで通いました。教習を終えたあとのハイボールメガジョッキ（4杯分！）のおいしいこと！　仮免に受かった日も、ここでひとり昼間からお祝いしたなあ。

数々のおつまみはもちろん、八重山そばも絶品。女将さん曰く、こだわりの自家製スープだそうなので、お酒のシメに小サイズをいただくのもオススメですよー。

メガジョッキ
ひとつ──!

BAR NOBU

ここは青山？　それとも六本木？
ムーディーバーで島の果物カクテル

島のドラゴンフルーツを使った「BAR NOBU スペシャルミックス」は、鮮やかなピンク色に南国気分が盛り上がる！　自家製ゴーヤのリキュールを使ったカクテル「ゴーヤのネグローニ」は、スッキリとしたドライな飲み口が特徴。季節によってマンゴーや島バナナ、パイナップル、パッションフルーツなど地元のフルーツを贅沢に使ったカクテルが楽しめます。店内にはショップもあり、プロデュースした洋服や雑貨、オリジナルのお土産「燻製ナッツ」などがズラリ。

Information

- 石垣市美崎町 12-8 TOMOビル 1 階
- 0980-83-3494
- 19:00 ～翌 2:00(L.O. 翌 1:30)
- 休 日曜（但し、月曜が祝日の場合は日曜 19:00 ～ 24:00 営業）

もしかしたら、入店に一瞬とまどうかもしれない。そんなイケてるエントランスのバーが「BAR NOBU」。入口の長い通路は鮮やかなブルーの照明に包まれ、店内はまったくうかがえず。でも勇気を出してドアを開ければ、めちゃめちゃ居心地のよいステキな空間が待っている！　ぜひ、ここぞという夜に行ってもらいたいバーなのです。

待っているのは、元テレビディレクターという経歴を持つマスターと、笑顔が素敵なマダム。マスターは赤坂や青山など都内各地のバーで経験を積み、13年前に石垣島で「BAR NOBU」をオープンさせたそう。「八重山諸島にはカクテルにしたくなる食材と信頼できる生産者さんがたくさんいます。ぜひ季節ごとの新鮮なフルーツで作るカクテルを楽しんでほしいですね」。

あまりに素敵なシチュエーションゆえに「観光でいらして、プロポーズの舞台にしてくださるお客様も多いんですよ」とマダム。おお、確かにここでされたらテンション上がるかも！　男性が緊張のあまりプロポーズの指輪を落としてしまい、ムーディーな照明の中をみんなで探し回ったこともあるとか。わはは。なんだかいいなあ。

私が初めて訪れたのは10年ほど前だと思うけれど、明らかに石垣島の印象が変わったきっかけになったお店。リゾートホテルまで行かずとも、ゆったり大人の南国の夜を楽しめますよー。

レボルシオン

タイルのカウンターでひとり酒
午前1時まで呑めるラテンバー

女性ひとり客も居心地よし

南の島だからというわけではないけれど、石垣島には暑い国の文化がよく似合うような気がする。ここ「レボルシオン」は、キューバやブラジルなど、ラテンの香りがただようバー。午前1時までやっているので、まだ眠くない蒸し暑い夜にふらりと立ち寄ることが多かった。

「南米には通算で3年ほど住んでいて、その後は定期的に日本と行ったり来たり。そもそも石垣島には10年くらい住んでいたことがあったので、お店をやるならここがいいなと開いた店なんです」とマスターのユウさん。色鮮やかなタイルやランプなど、南米テイストあふれる内装もほとんど現地から仕入れてきたものだそう。

「お酒もラムやテキーラはもちろん、まだ日本で出回っていないようなものを探して買ってくることが多いですね。それでオリジナルのカクテルを作ったり。ラテンのカクテルは欧米のスタンダードなカクテルとは全然違うものが多いので面白いですよ」。確かに南米のカクテルといえばカイピリーニャくらいしか知らないかも。タバスコを入れたり、料理のような作り方をするものもあるのだとか。

そういえば私が店に行くと、なぜか毎回「失恋したから旅行に来た」とマスターに相談している女子がいたなあ。「島に来たなら、きっといいことありますよ」なんて返すマスターの気楽なアドバイスはラテン仕込み。おいしいカクテルを一杯飲めば「だよね！」と元気になれそうだな。

Information

- 石垣市石垣 267
- 0980-83-8786
- 20:00 ～翌 1:00
- 休 日曜

さまざまなオブジェが飾られるにぎやかな店内。ムーディーな照明のカウンターは、南米のモザイクタイルが敷き詰められている。店に流れるのはマスターがセレクトするラテンミュージック。深夜になると立ち飲みのお客様で盛り上がることも！

ツレヅレハナコが行く！

昼も夜もDEEPに過ごすなら！女ひとりで立ち寄れる地元商店＆スナック

2

のりたまおにぎりとささみフライで「オニササ」！

7

6

朝から晩まで活気のある知念商会。島内のお惣菜屋さんの商品が一堂に集まる様子は圧巻！　カップに入った八重山そばはポットからアツアツのスープをそそいで。スナックは島内に何軒もあるので、勇気を出して入ってみるのもオススメ。南の島のスナックは楽しいよ〜！

朝から晩まで遊び尽くそう！

がっつり飲食店を堪能しても油断は禁物！　島には、まだまだ楽しむべきスポットがあるのです。

まず、はずせないのが「知念商会」。基本的には食材やお弁当、雑貨などを扱う商店なのですが、テレビにも出て一躍有名となった独自の文化を体験しましょう。

その名は「オニササ」。当初は私もなんじゃそれでしたが「オニギリササミフライ」の略……って、ますます謎ですよね。

この店には巨大なショーケースがあり、中には何十種類ものフライやおにぎりなどが並んでいます。「オニササ」とは、ここでおもむろにポリ袋を手に取り、好みのおにぎりとフライを入れ、ソースやケチャップなど調味料も投入して（！）、さらにそれをムギュッとつぶして一体化させたもの。すごいビジュアル、超絶ジャンク味！　だがなぜかクセになる〜。

もとは近隣の中学生男子が空腹な部活帰りに、自転車に乗りながらでも食べられるようにと開発（？）されたもの。その人気コンビが「おにぎり＋ささみフライ」で通称「オニササ」なのだそう。ちなみに、初心者にはのりたまおにぎり推奨です！

3

4

5

「カフェバー紅」の
名物ねーねーの
民謡に酔いしれて！

8

9

旅の最終日は
島の食材を
買い出し必須！

10

Information

- **知念商会**（写真 **1,2,3**）0980-82-9664
- **スナック 和**（写真 **4,5**）
- **スナック キティーラブ**（写真 **6,7**）0980-82-1082
- **カフェバー 紅**（写真 **8**）0980-88-8970
- **ファーマーズマーケットやえやま・ゆらてぃく市場**（写真 **9,10**）0980-88-5300

夜は夜で、島のスナックに行かなくては。女ひとりでも、南の島のねーねーは大歓迎してくれるのでご安心を。

まずは十八番街の有名店と言えば「スナック 和」。もともとは「スナック シャネル」という店名だったのが、なぜか（察する）ある日突然店名変えしたのでいまだに島民は「元シャネル」と呼びます。

入口にはスナックなのに「てびち」「やぎ汁」のでかい看板が！ その通りお店の名物で、カラオケを歌いながらカウンターでやぎ汁とてびちをいただくというシュールな体験が可能。なんなら、にんにくが死ぬほどのったやぎ刺しもうまい！

「キティーラブ」は、伊良部島のねーねーが迎えてくれる店。座るだけでスナックとは思えない絶品料理がどんどこ出てきます。ひとりなら加減してくれるはずだけど、お腹をすかせていきましょう。

中心地からすぐの「カフェバー紅」は迫力の竹富島のねーねーが歓待！ 歌が上手なので、ぜひ島民謡をリクエストしてみて。

島の食材を買うなら「ゆらてぃく市場」へ。季節ごとの旬の食材がズラリとそろいます。南国のド派手な花も持ち帰り可能！

高田渡
タカダワタル青年、17歳。

藤田嗣治
手しごとの家
Léonard Foujita: l'art de décorer et bricoler sa maison
林 洋子

第5章

足を延ばして島をドライブ食べ歩き

市街地をめぐるだけでも充分楽しい！
でも、ここは南の島。
レンタカーでドライブしてみませんか？
車でぐるりと島を一周しても2時間ほど。
おいしい店も点在しているので、
そこを中心にプランを立てましょう。
中心地では味わえない海や山の絶景や
人との出会いも待っているはず！

MANGETSUYA

女性ひとり小さな一軒家で営む
ランチだけの絶品家庭料理

市街地の食いしん坊たちの間で、「野底エリアにおいしい店ができた」と話題になっていたのがここ。さっそく車を走らせて行ってみると、超こぢんまりとした（失礼）家がポツン。「お店……？」と覗いてみると、カウンター内で作業をしている女性がひとり。

「メニューは毎日1種類だけ。日替わりのおまかせランチです」そう迎えてくれたのが店主の大月東《しの》さん。さっそくお願いして出てきたのは、野菜や海藻がたっぷりの9種（！）のお惣菜に、メインのクリームコロッケ、豆ごはんにスープ。いただいてみると、めちゃめちゃおいしい〜！　お惣菜は島の食材を気負いなく&センスよく仕上げていて食べ飽きないし、メインのクリームコロッケがサクサクとろとろで激うまだ。

「11年前に岡山から移住して、お店は去年から」だそうで、このエリアには家族でお住まい。お話ししていると、ひょうひょうとした雰囲気がたまらないな。「自分のペースでできるこのくらいの規模がちょうどいい」と話すマイペース営業。「やってたらいいな」くらいにゆるくまた来たい！

Information

- 石垣市野底
- 12:00〜なくなり次第終了
- 不定休

この日は、ゴーヤのおひたし、きくらげパクチーあえ、青マンゴーのナンプラーあえ、青大豆入りひじき、鶏肉の南蛮漬けなど9種。メインの海老とほたてクリームコロッケに豆ごはん、トマトと椎茸のスープつき。1,100円。テイクアウトもあり。

島野菜もたっぷり！

Boulard
HITACHI

パーラー ぱぱ屋

島のフルーツとさとうきび汁で
絶品フローズンジュース

まったり甘い「マンゴー×パイン」やサッパリ「シークワーサー」など。「泡盛入り」なんて危険なメニューも！

この一杯のためにぜひ！

まず目をひくのが手作り感満載の看板！ そしてジュース屋さんなのに店頭ではさとうきびが搾られ、その横の小屋では塩作りの真っ最中。カオスなお店だけれど、このさとうきび汁がジュースのポイントです。

地元のフルーツにさとうきび汁を加えたフローズンジュースは、マンゴーやドラゴンフルーツ、グァバなどなど。その場でミキサーを回してもらい、暑さで渇いた喉をうるおして！

Information
- 石垣市桴海491
- 0980-88-2583
- 8:30 〜 18:00
- 休 水曜

宮良農園

絶景を望みたくなったらココ
フルーツジュース片手に
深呼吸

高台にあるため、吹き抜ける風が気持ちいい。日陰のカフェスペースで冷たいフレッシュジュースを楽しんで。

緑の先に青い海が広がる、深呼吸したくなるような絶景ポイント！ もともとは宮良《みやら》さん家の果物農園だけれど、マンゴージュースなどが飲めるカフェスペースが併設されています。

広大な敷地内では、運がよければ飼っているヤギも見られるかもしれません。また農園を営むかたわら、陶芸作家の活動もしているご一家。器をはじめとした素敵な陶芸品を販売する併設ギャラリーも、ぜひ覗いてみて。私も壷を買いました！

海を眺めてひと休み！

Information
- 石垣市新川1134
- 0980-83-4077
- 11:00 〜 17:00
- 休 水曜

トミーのパン

焼きたての香りに誘われる
売り切れ必至の老舗パン店

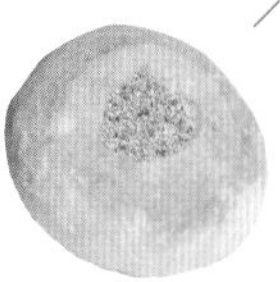

ずっしり重いよ！

車を飛ばしてでも訪れる人が絶えない、地元民に愛される老舗パン店。お店に近づくと、パンが焼けるいい香りが漂います。

店主と奥様で営む小さなお店ですが、パンの大きさは規格外！ 名物のアンパンやカレーパンは、持つとずっしりと重さを感じるほどです。食べてみると、パリッとしつつふわふわの生地とフィリングがぴったり。そのおいしさに、意外と丸１個食べられちゃうはず。

「パンなんて焼いたことなかったけど、奥さんが食べたいっていうから東京のパン屋へ修業に行って始めたんだよ」だなんて、いい話～。なんだか誰かに買って帰りたくなっちゃうな。ちなみに昼過ぎには売り切れるので、来店時間にはご注意を！

天然酵母で作られたパンは、アンパンなどの甘いパンからお惣菜パンまでそろいます。バゲットは、できあがるまで５時間の力作！

Information

- 石垣市川平 1216-591
- 0980-88-2527
- 9:30 ～売り切れるまで
- 休 火曜・水曜・金曜

うっそうとした森を抜けると現れるイタリアンレストラン。雨の日は、よりいっそう幻想的な雰囲気になって美しい！

Forestale Uno

秘密の入口は森の中にある
静かに過ごしたいイタリアン

落ち着く
静かな一軒家

Information

石垣市野底 703-1
0980-89-2670
11:30 〜 14:30
しばらくはランチ営業のみ
休 月曜、第 2・第 4 火曜

「入口はどこ?」と迷いそうなエントランス。店名の「フォレスタ（森）」を通り、奥にあるのがこのお店（ちなみに「ウーノ」はオーナー夫妻が宇野さんだから！）。

「このうっそうとしたガジュマルをはじめ、圧倒される緑に一目ぼれして移住してきました」と話すオーナーシェフが作るのは、島の食材を使ったイタリアン。濃厚な豆腐ようを使ったパスタや、島の養殖場で育った車海老のアヒージョなど、ワインに合うこと間違いなし！ 島唐辛子と生ハバネロを使った自家製タバスコも、激辛だけどクセになるおいしさです。

素敵な一軒家の2階は、漆作家である奥様の作品ギャラリー「UNO DAIOMARU」。レストランで使われている食器は、こちらの作品だそうなので要チェック！

自家製の具材を多く使用。無農薬・無肥料で手をかけて作った野菜と、平飼いの新鮮卵を使ったフライドエッグバインミーも人気。

バラック

**まさかのバインミー専門店！
自由な店主が作る島具材に注目**

この中心地から離れた場所に、なぜこんなにおいしいものが！　そう思わずにいられないテイクアウトの絶品バインミー。

　作っているのはオーナーの田中すみれさん。元はぬいぐるみ作家で、家族で神奈川から移住してきたのちにバインミー店をオープンさせたそう。

「ベトナムに行ったこともないんですけどね。昔、湘南のカフェで働いていたときに初めて聞いて以来、なぜかずっとバインミーって言葉が頭に残っていたんです」。そんな不思議な理由で始めたものの、食材や調理には並々ならぬこだわりが。

　沖縄県産の豚を使って作るレバーパテやハムもすべて手作り&無添加。食べるとパクチーやヌクマムがふわりと香り、「本物だー！」と叫びたくなるはず。

Information

- 石垣市伊原間343
- 090-2406-3368
- 11:00 ～ 16:00（予約制）
- 休 水曜・土曜・日曜（不定休あり）

ご予約お待ちしてまーす！

石垣で泊まるなら！

HOTEL 01

FUSAKI BEACH RESORT HOTEL & VILLAS

フサキビーチリゾート
ホテル＆ヴィラズ

プールサイドで
カクテルを！

天井の高いエントランスはリゾート感満点！　テンションが上がります。今回の部屋は、「ガーデンテラスオーシャンビュー」でした。起きてすぐ見える景色が海って、やっぱり最高！

Information

石垣市新川 1625
0980-88-7000
https://www.fusaki.com

島へ来たからには、水辺でのんびりしたい！　できれば海でもプールでも……。そんな願いを叶えるのが「フサキビーチリゾート ホテル＆ヴィラズ」。ここ数年続々とリニューアルを重ね、2018年には石垣島最大級のプールエリア「アクアガーデン」がオープンしました。

趣向を変えたいくつものプールが連なる様子は圧巻！　島では珍しい天然ビーチも併設され、マリンアクティビティを楽しみたい人には絶好のホテルです。

私のお気に入りはプールサイドにある「ザ・スターバー」。オープンエアのカウンターで、トロピカルなカクテルをいただける楽園スポット。ぼんやり過ごして眠くなったら、赤瓦のヴィラの部屋でお昼寝なんて最高！

朝食は、なんと毎朝100種以上のメニューが並ぶという島内最大級のビュッフェ。沖縄料理はもちろん、和洋中エスニックとそろったラインナップには目移り間違いなしです。1日では食べきれない豪華メニュー、のんびりもう1泊したくなっちゃうなあ。

石垣で泊まるなら!

HOTEL 02

JUSANDI

ユサンディ

「石垣島にデート旅行するならば、絶対ここに泊まろう……」と、うっかり妄想も膨らんでしまうほどのパーフェクトおこもりホテルが「ユサンディ」。

6千坪の敷地にあるスイートヴィラは、贅沢にもたったの5棟！　亜熱帯の植物があふれる森の中に点在しており、ほかの宿泊者と遭遇しにくい仕組みになっています。

エントランスを出て、琉球石灰岩が脇に散りばめられた小路を歩いてヴィラへ辿り着けば、待っているのは広々としたお部屋とプライベートプール。はー、最高。もうここから一歩も出たくない！

さらにうれしいのは、棟ごとに設けられたガゼボ（西洋風あずまや）やプライベートビーチ。一部の部屋では海を眺められるように設置されているので、ビーチチェアで、ゆっくりワインを飲みながら読書なんていいなあ。

大自然の中にあるので、市街地では見られない満天の星を見たり、南国の鳥の声を聞いたり……。自然と一体になれる時間を、思う存分満喫できそう。ああ、もうひとりでもいいから再訪したい！

Information

石垣市桴海470
0980-88-2833
http://www.jusandi.jp

亜熱帯の大自然を望む開放感あふれる大きな窓がうれしい。ベッドはセミダブルを2つ並べた贅沢なハリウッドツインスタイル！

ツレヅレハナコが買う!

八重山諸島のお土産なら これを買うべし!

島で飲み食い遊び尽くしたら、
ちょっと気の利いた
お土産も持って帰りたいもの。
無数にある商品の中から、
ハナコが毎回セレクトする
オススメ土産をご紹介します。

沖縄の器を買うなら センスのいいセレクト店へ

商店街にある器屋さんには、本島の作家ものをはじめ魅力的な器が多数。器に詳しい店主さんに相談するのもオススメ。

沖縄の器「つぼや」
0980-88-6508

石垣牛の脂を贅沢に使用し 手造りにこだわった醤油ダレ!

今年、石垣市の特産品として市から認定を受けた、愛するバルの限定商品。何にかけても風味豊かで、本当に美味しい!

「石垣島牛肉醤油」
海 BAL るすた
0980-87-6290

南の島の太陽を浴びた 果物のうまみが詰まってる!

果物本来のおいしさが楽しめる無添加ジュース。お酒を割ってもおいしい。

「マンゴージュース」
「パッションフルーツジュース」
川平ファーム
0980-88-2475

シンプルな材料がうれしい
素朴なおいしさの塩せんべい

原料に小麦粉、塩、油だけを使った、まじめな塩せんべい。一般的なものより上品な味わいが好み!

「石垣の塩せんべい」石垣島ビール
0980-83-0202

古酒ならではの味わいに唸る
3年熟成の老麹仕込み泡盛

老麹仕込みと直釜式蒸溜の泡盛を3年長期熟成し、まろやかな甘みと濃厚なうまみを引き出した古酒。

「玉の露 3年古酒」玉那覇酒造所
0980-82-3165

おなじみのジーマミ豆腐を
持ち帰りやすいカップで

ピーナッツを使ったプリンという名のジーマミ豆腐。持ち帰りやすい蓋つきカップ入りで、もちもち食感が◎。

「石垣島プリン」
石垣島物産センター
0980-88-8656

人気のハーブ農園が作る
オリジナルブレンドティー

自社栽培のハーブにカルダモン、ジンジャーなど体を温めるスパイスを配合したハーブティー。

「ブレンドハーブティー FEVER」
ガーデンパナ
0120-917-078

サッとひとふりで南の島風味
辺銀食堂の手作りピパーチ

八重山で親しまれるピパーチを、手作業で乾燥・焙煎させた香り高いスパイス。

「ペンギン食堂の島こしょう
(ピパーチ)瓶タイプ」石垣ペンギン
0980-82-8777

第6章

竹富島&西表島だって「美味しい」を目指す！

せっかく八重山諸島に来たのなら、
石垣島以外にも足を延ばしたいところ。
どこの島も違うよさがあるけれど、
私のオススメは竹富島&西表島です。
沖縄の原風景が残る竹富島に、
最高なレストランのある西表島。
石垣島港からフェリーに乗って
離島ならではの体験に出かけよう！

竹富島は、人口400人足らずの小さな島。ほとんどが平地なので、琉球情緒あふれる島内を徒歩とレンタサイクルだけで一周できます。一方、西表島は沖縄本島の次に大きい島。とはいえ島の90％は亜熱帯のジャングルで、平地はほとんどありません。カヤックなどアクティビティも楽しめる自然の宝庫です。

【竹富島】

徒歩でのんびり訪れたい！島内に点在する小さな飲食店

20年ほど前に初めて竹富島を訪れた際、「わー、八重山諸島のイメージ通り！」と思った。琉球赤瓦で造られた平屋の家々、真っ白なさんごが敷き詰められた小道、抜けるような青い空に真っ赤なブーゲンビリア。その印象は、今でも島内の人々の努力によって守られているといってもいいはず。

どこかに観光スポットがあるというよりは、島全体の風景が見どころともいうべき島。石垣島から高速船で10分と日帰り可能だけれど、宿泊して美しい星空や朝日を眺めるのも「泊まった人だけの特別感」があっていいものです。

島内の移動は徒歩かレンタサイクル、もしくは伝統の水牛車。その範囲内にも飲食店が点在しているので、のんびりランチや休憩を楽しむのがオススメです。定番の八重山そばからオープンエアの海老フライ店（！）、冷たいスイーツやカクテルが楽しめる店などなど。意外なほどバラエティ豊かにそろっているので、ハシゴも楽しめそう。

そば処 竹乃子

老舗の八重山そばは
自家製「クチュ」で味変

1975年創業の老舗八重山そば店。先代のおばぁから受け継いだ辛い調味料「クチュ（コーレーグースー）」をそばにふってどうぞ。

Information

- 八重山郡竹富町竹富 101-1
- 0980-85-2251
- 10:30 ～ 15:30、19:00 ～ 21:00
- 休 不定休

たるりや

おばぁがイチから作る
島産車海老のフライ

庭に椅子が置かれた全席オープンエア！　名物は竹富島産の車海老を使う「海老フライ定食」。おばぁがていねいに作ってくれます。

Information

- 八重山郡竹富町竹富 384
- 0980-85-2925
- 10:30 ～ 15:00、19:00 ～ 22:00
- 休 雨天の日、不定休

ちろりん村

昼はカフェ、夜はバー
琉球建築でゆったりくつろぐ

赤瓦の琉球民家をリノベーションしたカフェバー。フルーツやハーブを使ったカクテルやスムージー、「島カレー」が人気。

島ミントでモヒート♡

Information

- 八重山郡竹富町竹富 653
- 0980-85-2007
- 10：00 ごろ～ 24：00 ごろ
- 不定休

ぱーらー願寿屋

かき氷やスムージー
オリジナルパフェでひと休み

「ブルーシールアイスクリーム」を使ったパフェをいただけるカフェ。コーヒーゼリーと黒糖アイス入りの「大人のパフェ」は必食。

Information

- 八重山郡竹富町竹富 2279-1
- 0980-85-2211
- 11:00 ～ 16:30
- 不定休

月灯

気さくなマスターがいる
月明りのオープンテラスバー

庭にテーブルが並べられたバー。幻想的な月明りとランプに照らされた中で飲むお酒は雰囲気よし！　簡単なおつまみもあります。

Information

- 八重山郡竹富町竹富 101-1
- 090-9984-9244
- 19：00 ～ 23：00
- 不定休

竹富島で泊まるなら！

HOTEL 03

HOSHINOYA TAKETOMIISLAND

星のや竹富島

お昼寝歓迎！
ゆったりテラス

すべての客室が赤瓦の琉球建築。各客室にある開放的なテラスには、気持ちのいい風が通り抜ける大きな窓がついています。寝心地のいいソファに横たわって、ビールでも飲みながら、ゆるっと夕暮れを過ごしたい！

選べる「島人の朝ごはん」のなかでもオススメは、重箱料理9種がつく「琉球朝食」。朝から呑めそう！　ラウンジでは通年で泡盛カクテル（右）や、グァバはちみつドリンク「朝のお目覚め水」（左）を楽しめる。

Information

- 八重山郡竹富町竹富
- 0570-073-066（予約 9:00 ～ 20:00）
- https://hoshinoya.com/

竹富島に泊まるなら、ぜひ訪れたいのが島の東に位置する「星のや竹富島」！

なんといっても、すべての客室が赤瓦の琉球建築。この素敵な平屋に泊まれるというだけでも、かなりテンションが上がる―。約2万坪の広大な敷地内には48棟の客室、プール、見晴台、スパなどが点在。島全体に溶けこんだかのような小さな集落が構成されています。

ゆったりとしたレストランでいただけるのは、自家栽培の食材も使用される「琉球ヌーヴェル」。時を忘れるほど居心地のいい「ゆんたくラウンジ」では、島素材を使ったドリンクが楽しめるなど飲食の魅力にもあふれています。

夜のお楽しみは、日替わりのシロップで作る泡盛カクテル。島ならではの湿度に身を任せてゆるゆるいただけるカクテルは、まさに「島バカンス」の醍醐味！時間を忘れてしまう心地よさです。

いたるところに上質な伝統文化が息づく場所だからこそ、心も体もリフレッシュできそう。できることなら1週間くらい滞在したい！

【西表島】

亜熱帯気候の山々と海で育った
骨太食材を食べ尽くすための島

庭でとれる長命草や島かぼちゃ。水っぽい島かぼちゃは調理が難しいため腕の見せ所だとか。

庭の長命草が
元気いっぱい！

果物に近い熟れ具合のパパイヤと野菜に近い青パパイヤの２種の煮物。砂糖を使わずパパイヤの甘みだけで炊き上げる。摘みたての長命草とナナコさんが釣ったサヨリとミジュンの南蛮漬け、信介さんが釣ったアカジンミーバイとウムズナー（島だこ）などの刺し盛り。

Information

八重山郡竹富町南風見 201-101
0980 85 5623
18:00 ～ 23:00
休 日曜、不定休
完全予約制のおまかせコースのみ。

はてるま

自分で集めた食材で作る唯一無二の「沖縄料理」

この「伝説の店」を初めて訪れたのは２０１３年のことでした。「店主のナナコさんが、地元の海や山や畑でとってきた食材だけで作る沖縄料理」。収穫がなければ休みになるけれど、ほかのどこに行っても食べられない特別な料理だよ。そう聞いていた通り、この初体験はあまりにすばらしくて、以降は「『はてるま』で食事をするためだけに西表島へ行く」ようになりました。

時は流れ、今は息子の信介さんに世代交代。「自分は生まれも育ちも那覇ですが、子どもの頃から母の実家の波照間島で年に数か月を過ごしました。だから、世代にしては古臭い食文化を知っているほうですね。今でも2時間あれば海へ出て漁をするし、山へも収穫に出る。畑は店と実家の周りにいくつかあり、自分で野菜を育てています」

その日に何が入るかわからず、食材の個体差も大きい。だから毎日が違う料理。「非効率的だし大変ですが、これが自然なやり方だと思います。何より楽しいですよ」。そう話す信介さんは生き生きとして、いかにもうまいものを作る料理人の姿でした。

唐変木

こだわりの白イカならではの
コクありイカスミスープ！

作り置きはせず、一杯ずつていねいに作られるイカスミそば。イカをサッとゆがくのやわらかさの秘密！

一滴も残さず飲み干して〜

ガジュマルの林を抜けると現れる一軒家で食べられるのが、名物の「イカスミそば」。「昔からイカスミは島の薬膳食。熱があるときに〈下げ薬〉として取り入れられてきたんですよ」と女将さん。

こちらで使うのは、お刺し身で食べられる身が薄くてやわらかい白イカだけ。いただいてみると、あっさりしているのにコクがあるイカスミスープが絶品！

確かにこれは西表島まで来る価値あるなあ。そう思わせる一杯です。

Information

八重山郡竹富町上原 749
0980-85-6050
11:30 〜 17:00
休 火曜、水曜

西表パイン園

甘くておいしい国産品種
とれたてを直送しよう

直売所のすぐ隣は一面のパイナップル畑。試食をさせてくれるので、気に入ったものを宅配手配できます。

大きな木の下で待ってるよー！

西表島といえばパイナップルの名産地。「冬場の季節風が海水を運ぶので、いいパイナップルが育ちます」と農園主さん。

小さいけれど甘い「ピーチパイン」や、手で果肉がちぎれるため通称「スナックパイン」と呼ばれる「ボゴールパイン」など、取り扱いは4種。

50年前の海外からの輸入自由化に対抗して、加工用品種専門から生食用の品種を作れるよう改良されたのだそう。甘くておいしい国産パイン、もっと応援したい！

Information

八重山郡竹富町上原 10-26
0980-85-6446
休 不定休

COLUMN 06

ハナコ厳選！

南の島 持ち物リスト

島の中心地なら
ある程度の
買い物はできますが、
なるべくなら準備は
周到にしたいもの。
南の島だからこそ
持っていきたい、
ハナコ厳選
「持ち物リスト」を
ご紹介します！

島には必須の
ものばかり！

Travel items list		
□ item 01	半袖シャツ	なにはともあれ、南の島のユニフォーム！Ｔシャツでもなんでも乾きやすいものがオススメ。
□ item 02	ワンピース	蒸し暑い南国では風通しのよさが命。体に密着しないふわっとしたシルエットのものだと涼しい！
□ item 03	薄手のカーディガンやストール	気温が高い分、冷房文化も強めなので寒さ対策を。日が暮れると急に肌寒くなるときもあります。
□ item 04	ロングパンツ・短パン	風の強い日でも平気なパンツは１枚持ちたい。ジーンズは蒸れるので軽い素材などを選んで。
□ item 05	日焼け止め	島にも薬局はありますが、お気に入りのものがあれば持参を。海に行かない街歩き派でも必須！
□ item 06	サングラス	強い日差しから目を守るサングラス。あまりの光に前が見えづらいことがあるので運転する人も必須。
□ item 07	帽子・日傘	日差しに慣れている地元民でも持っています！どちらも折りたためるものだと携帯に便利。
□ item 08	水着	のんびりする人もガチで泳ぐ人も必須。カヤックなど泳ぐ以外のアクティビティで必要なことも。
□ item 09	サンダル	島では通気性がいいサンダルで。「ギョサン」など名物サンダルも購入可能です。 水中でも脱げないものが便利。
□ item 10	虫よけスプレー	南国では都会や田舎に関係なく虫さされ対策が必要。一年を通じて、２月以外は確実に蚊がいます。
□ item 11	レジャーシート＆クーラーバッグ	きれいなビーチなど自然が満載の南の島。 レジャーシートと折りたたみのクーラーバッグがあれば即ピクニック！
□ item 12	パスポート	石垣島からは香港への格安エアラインが飛んでいます。急に行きたくなったときのために一応持参。

さあ、奄美群島だ！

奄美大島・加計呂麻島

第1章

ハナコ的まちがいなしの奄美大島「1日食べ歩き」

さあ着いたぜ、奄美大島！
絶好調の離島旅気分を満足させる、
まずは訪れてほしい1日コースを考えました。
最新ホットスポットから、奄美で欠かせないあのお店。
そしてハナコが頼りにする大好きなバーまで。
ギュッと詰めこんだ厳選コースをぜひ訪れて。

朝

seaside kitchen Kulu Kulu

島食材をふんだんに使った フリースタイルの絶品イタリアン

奄美空港からは車で15分ほど、中心地からは1時間ほどの笠利町エリアにあり、落ち着いた海辺の雰囲気が魅力。「子育てとサーフィンには最適な場所」とシェフ。ワインも大阪時代と同様にナチュールでそろえ、ラインナップも充実。奄美大島でこのワインが飲めるとは！　海を眺めながらゆっくり過ごしたいお店。

家族で来ても ひろびろ〜

店に入った瞬間、「わあっ」と声が出てしまった。テラスに面した大きな窓の先には、抜けるように青い海と空。なんて気持ちがいい場所！

大阪で同名の人気店を営んでいたオーナーシェフ立川裕章さんが２０１８年家族で移住して始めたイタリアン。ランチは日替わりのパスタ類や自家製ナポリピザが数種、ワンプレートが揃います。「食材は肉、魚、野菜ほか、一部の調味料以外は奄美大島のものを使っています。大阪にはなかった食材を試すのが毎日楽しくて」。この日のパスタは「エビス鯛とハンダマのシチリア風」。島でも珍しい魚だそうで、ほろっと繊細な白身と乳化させたレモンソースがめちゃめちゃ合う！

さらに仰天したのが「豚バラ肉のバルサミコ煮こみ」のワンプレート。メインは、ほろほろのお肉がドーン！　さらに自家製フォカッチャのほか、マコモダケのグリル、キッシュ、焼き野菜……手間ひまかかった料理が盛り合わされて一皿１８００円。東京なら倍でも払うクオリティ！「島の食材は奥が深くて試行錯誤中。でもここは、地に足をつけて料理と向き合える場所」と話すシェフ。こうやって島を愛する移住者が、新たな食の魅力を引き出していくに違いないね。

Information

- 奄美市笠利町用安 1257-12
- 080-9108-8784
- 11:30 ～ 15:00（ランチ）、18:00 ～ 22:00（ディナー）
- 休 火曜（夏場は不定休）

夜

郷土料理　かずみ

のびやかな女将の唄声に しびれながら黒糖焼酎を！

「初めての奄美大島なら、『かずみ』へ行くといいよ」。何人にそう言われたことか。実は前回、ならばと毎日予約のチャレンジをしたけれど、満席続きで伺えなかった店なのです。大人気！

郷土料理を味わいながら、奄美大島のシマ唄とサンシンを聴ける店。料理のおいしさはもちろん、女将のかずみさんの唄が最高なのだそう。

期待を胸にカウンターへおじゃますると、かずみさんが料理をどんどん出してくれます。「これは、とぅびんにゃ（島でとれる巻き貝）、こっちはさつまいものつる炒め……」。どれも絶妙な味わいで、黒糖焼酎に合いすぎる！　もちろんボトルで飲むでしょう。『まんこい』1本くださいー。

しばらくすると、客席にいた男性がおもむろにサンシンのチューニングをスタート。お客さんと思いきや演者さんか！　そして、サンシンの音色が響き始めると、カウンターのかずみさんが掛け声を入れ始め、徐々にのびやかな唄声に変わっていきます。うわー、なんて素敵な！　震えるね。

「一度は大阪に出たけれど、どうしてもシマ唄がやりたくて島に戻ってきた」と話すかずみさん。この極上の唄とサンシンに合わせて客が皆で踊る楽しさは奄美ならでは。予約必至で出かけるべし。

Information

- 奄美市名瀬末広町 15-16
- 0997-52-5414
- 17:00 ～ 23:00
- 休 不定休

料理はおまかせのみ。その時期の郷土料理をコースで提供。巻き貝の塩ゆでで「とぅびんにゃ」や、骨つき肉の煮こみ「とんこつ」、かずみさんが島を食べ歩いて辿り着いたという自慢の「油そーめん」など奄美大島らしい料理を堪能できる。ライブは毎晩7時半ごろからで、最後は客も皆立ち上がって客席で踊るのが恒例！

島の
うまいもん
そろってる！

深夜

Cafe&Bar ponopono

女ひとりでも立ち寄れる
島のオアシス的カフェバー

サーファーのユウジさんは島へ移住して17年目。見た目に反して（失礼）穏やかな紳士で癒されます。観光ガイドもしています。問 GRIND JOURNEY
@grind_journey

Information

- 奄美市名瀬金久町 11-13
- 090-9595-7410
- 19:00 ～ 3:00
- 休 日曜
- @pono_pono_amami

島内外からアーティストを招いたライブイベントなど実施。この日はディジュリドゥ奏者のkeyaki narusawaさん。毎月第3水曜はDJイベントあり。島の発酵食品飲料「ミキ」と、島特産の黒糖焼酎を使ったオリジナルカクテルもお試しを！

前回の奄美はひとり旅。島一番の繁華街・名瀬地区を呑み歩き、数軒目にはなかなかのホロ（？）酔い。いい気持ちで屋仁川通りのネオンの中をフラフラしていると、温かな灯りがついた一軒のカフェバーの前を通りかかったのです。

窓から中を覗くと、カウンターの中にロン毛＋茶髪＋ヒゲという、どう見てもチャラッとした（ごめん……）男性がひとり。でもなんとなく居心地がよさそうな店内に魅かれて入店し、接客してくれたのがオーナーのユウジさんでした。

何を話したのかも覚えていないけれど、そんな酔っぱらいには慣れているユウジさん。たぶんやさしく私の話につきあってくれたんだろうなあ。そして翌日は、免許のない私を連れて車で島案内まで！　なんといい人！（そして島中の人が、「ユウジくんはナイスガイだ」と口をそろえます）

そんなわけで、この店は女ひとりでも安心して立ち寄れる名瀬のオアシスとしてご紹介したい。珈琲も島のレアな黒糖焼酎も、オリジナルのカクテルもいろいろ。地元民も観光客ものんびり過ごせる場所で、ライブなどのイベントに当たればまた楽しい！　島のことなら何でも相談できる、ぜひ一度寄ってみてほしい心強いお店です。

Tonari
やんご通り
高さ制限4.5M
「やんご」生誕100年記念
華吉
ラーメン
1F

PARKING P
GREEN HILL

第2章

島の郷土料理を味わい尽くす

南の島と言っても、ここは沖縄ではありません。
かと言って100%九州なのかといえば、
なんだかそれも違うような気がする。
（住所はバリバリの九州だけれど！）
琉球文化と薩摩文化がブレンドされたこの土地は
他に類を見ない独自の食文化が発展した場所。
奄美大島でしか体験できない、
ここならではの食と酒を楽しもう！

奄美大島が誇る黒糖焼酎の専門店「焼酎ダイニングさけ工房 心」（P116）の店内。ボトルが並ぶさまは圧巻！

奄美
夢幻
六調
六調
天海
瀬戸の灘
朝日
長雲
長雲
長雲
一番橋
龍宮
海
萬膳庵
萬膳
なかむら

焼酎ダイニングさけ工房 心

まるでワインソムリエの解説！
200種以上の黒糖焼酎を堪能

Information

奄美市名瀬金久町 11-1 2F
0997-54-2066
18:00 ～ 24:00(L.O.23:00)
休 日曜

奄美大島産の車海老を使ったから揚げに、ワイングラスに入った黒糖焼酎を合わせて。高級魚である赤松などの刺し身から名物の「赤ウルメのふわふわつきあげ」まで、お酒に合う料理が絶品！　レアもの黒糖焼酎も多くそろい、「樫の樽熟成のものはバニラっぽい香り」など店長の解説は必聴です。

「こちらは喜界島にある『朝日酒造』の黒糖焼酎です。社名の〈朝日〉は喜界島が奄美諸島の中で一番東に位置して、最も早く朝日が昇ることからつきました」。そう言ってボトルを見せながら続けてくれたのは、さらなる解説。「お持ちした銘柄は『たかたろう』。喜界島の古い方言で〈入道雲〉の意味です。その名の通り夏によく飲まれる黒糖焼酎で、ソーダで割ると大人のラムネジュースのようですよ」

へー！　なるほどー！　注がれた黒糖焼酎を飲みつつ、まるでワインのソムリエに話を聞いているようだとおどろいてしまった。ここは、おそらく島で一番多くの黒糖焼酎をそろえるお店。

「黒糖焼酎を中心に２００種以上の銘柄を置いています。店を始めた理由？　うーん、好きだったからかな」と笑う店長は奄美大島のご出身。

「黒糖の甘みがダイレクトに出る常圧蒸溜、やさしくフルーティーな仕上がりになる減圧蒸留……蒸留の仕方ひとつでも方向性に差が出ます。家族でやっている小さな蔵も多いので、その個性をご紹介したいですね」。解説を聞くと、より理解が深まって楽しい！　心ゆくまで黒糖焼酎を味わうなら、まずはこちらに寄ってみて。

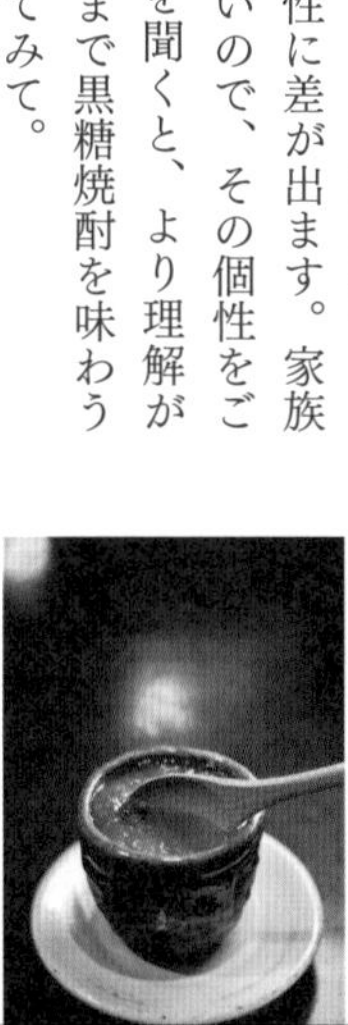

飲み比べも
楽しいよー！

小料理木の花

地元民気分で飲み明かしたい
リアル「奄美のおふくろの味」！

いさぎよすぎるメニュー名の絶品「島やさい」は、１人前から特盛りまでオーダー可能。根菜と骨つきの豚肉をじっくり煮こんだやさしい味に、しみじみ癒される！　自家製の豚みそも伝統的な郷土料理で、黒糖焼酎との相性は抜群。あおさの天ぷらや鶏飯風の「木の花茶漬け」など、おふくろの味を堪能できます。地元民と観光客が隣同士になり、ワイワイ話すことも多いというのも納得の雰囲気。

私が地元民だったら、ここに通うだろうなあ。そんな気持ちになるのが、こちらのお店。ほどよい規模のお座敷とカウンターで家族経営。郷土料理店なのだけれど、観光客のためにそろえたというよりは「本当に地元の人が昔から食べている料理」を素で提供している雰囲気がする。なかでも看板メニューの「島やさい」とだけ書かれた煮物が最強！　なんでこんなに滋味深いんだろう。

聞くと「料理はすべて母が作っています。それをお客さんに運ぶのが、私と父の仕事」と娘さん。そうか、リアルに「島のおふくろの味」なのねえ。「観光の方も多いですが、年に一度、ご家族でみえるお客様もいらっしゃいますよ。お子さんが成長していくのを見るのも楽しくて」。確かに里帰り感があるのもよくわかる温かい雰囲気！

満を持して登場したお母さんが見せてくれたボロボロの料理本もよかったな。『シマ ヌ ジュウリ』（南方新社刊）という奄美大島の食文化について書かれた古い本で、お母さん曰く「この本には、本当の島料理が書いてあります」とのこと。さっそく帰りに、空港の売店で探して買っちゃったよ。そして、また島に来たら、この煮物を食べに寄るんだろうな。

磯の香りが
たまらない！

Information

- 奄美市名瀬入舟町 16-3
- 0997-53-6657
- 18:00 〜翌 1:00
- 休 不定休

「この店でしか食べられないはず」という名物料理「車海老のお吸い物」。北大島で養殖した車海老を殻ごとすりつぶしてとった濃厚な出汁は悶絶もの！　左は奄美名物のふくれ菓子「ふくれかん」。これは、黒砂糖風味の褐色の蒸しパン風のお菓子。「子どもも大人も大好き」な郷土の味なのだそう。

なつかしゃ家

元教員の料理人が手をかける 奄美大島のおもてなし料理

「海の色がこれほど一日に何度も変わるなんて、教員時代は気づかなかったこと。食材を仕入れる中で、島の自然と向き合えるいい機会をもらっています」と話すのが、「先生」ことオーナー料理人の恵上イサ子さん。教員退職後、昔ながらの一軒家で郷土料理を提供するお店を始めて8年が経つのだそう。

　テーブルに並ぶのは、華やかな郷土料理の数々。「島料理は茶色いものが多いので、ひと工夫してお出ししています」との通り、ほかのお店とはひと味違うメニューがそろいます。梅肉と島ざらめを混ぜたソースをかける自家製ピーナッツ豆腐、天然もずくの寒天寄せ、ハンダマのゆで汁で炊いた色鮮やかな鮭ごはん……、島でとれる伊勢海老のオーブン焼きはひとりで半尾丸ごと！

「実家は貧しかったけれど、そのぶん母の料理を手伝いながら育ちました。だから島の食文化をよく知っているし、絶やしたくないという気持ちがあります。生徒にも伝えていきたくて、この場所を作ったという思いもありますね」

　そう話す姿は、教員時代の「先生」を思わせる貫禄。自然からの恵みに手間ひまをかけた、島の食文化の結晶を見た気持ちになれました。

Information

- 奄美市名瀬柳町 11-26
- 090-5292-6123（完全予約制）
- 18:00 ～ 22:00 ごろ
- 休 不定休

昔ながらの奄美の一軒家！

ひさ倉

自社鶏舎で育てた鶏だから安心
鮮度抜群の鶏刺しも必食の鶏飯店！

うまみたっぷりの鶏スープが最高！

Information

- 大島郡龍郷町屋入 516
- 0997-62-2988
- 11:00 ～ 20:30(L.O.20:00)
  水･木 11:00 ～ 17:00(L.O.16:00)
- 休 不定休

江戸時代の鶏飯は、鶏の炊き込みごはんのようなものだったそう。戦後、もっとあっさりしたものをと工夫されて今のスタイルになったのだとか。サイドメニューの鶏刺しほか、焼き鳥各種も自社経営の鶏舎で育った健康な鶏を使用。黒糖焼酎もとりそろえているので、鶏飯の前に一杯飲むのもオススメ！

奄美大島を代表する郷土料理と言えば「鶏飯《けいはん》」。ごはんの上に細く裂いたゆで鶏、錦糸卵、しいたけの煮物、パパイヤ漬けなどをのせ、鶏でとっただしをたっぷりかけて食べる料理です。そもそもは江戸時代に、薩摩の役人をもてなすために作られた料理で〈殿様料理〉とも呼ばれていたそう。

島内にはたくさんの専門店がありますが、人気店のひとつがこちら。濃厚なうまみのだし汁は、いくらでも飲み干せそう！「うちは鶏から自分たちで育てています。焼き鳥はもちろん、鶏刺しも出せるのは、生食可能な養鶏法だから。ぜひ召し上がってください」と店主。その通り、新鮮そのものの鶏刺しが絶品！ 黒糖焼酎にもよく合うわ～。訪れた際には、食べ逃さないよう注意して！

島とうふ屋

老舗の豆腐店が営むレストラン
盛りだくさんの定食がお得感満載！

Information

大島郡龍郷町中勝 1561-6
0997-55-4411
11:00 〜 20:00(L.O)
休 無休

人気の「島とうふ屋定食」。塩豚の煮物か豚の角煮からメインを選ぶと、白和えやおからサラダ、豆腐コロッケ、くみ上げ湯葉など大豆製品のおかずが盛りだくさんでつく。さらに、定食を頼んだ人は湯豆腐も食べ放題と太っ腹！　店内にはショーケースがあり、テイクアウト用の豆腐類も販売されています。

「奄美大島にとって、豆腐や厚揚げは欠かせない食材。冷やっこで食べるというよりは、豚肉と煮たり、焼いて食べたりすることが多いですね」と話すのは、この店の三代目店主。60年以上続く老舗の豆腐店を、レストランとしてリニューアルして営業しています。

「島豆腐」と言っても沖縄の島豆腐とは別物で、内地の豆腐作りに近い製法なのだそう。最大の特徴は島の海水から作った天然にがりを使用すること。海の恵みで豆腐ができるとは！

「昔は朝まで呑んだ後に、豆腐屋でできたての豆腐を食べるなんてシメ文化もあったそうです」と聞いて、なんともうらやましい〜。今や島に豆腐店は4軒と減ってしまったらしいけれど、こんなに元気な店があるなら大丈夫に違いないね。

COLUMN 07

ツレヅレハナコが行く！

奄美だってDEEP！女ひとりで島を楽しみ尽くす

マンボ、ルンバとなんでもござれの社交ダンスクラブ。お酒を呑むだけでもいいし、カラオケやダンスを楽しんでも。勇気を出して扉を開けて、めくるめくやんごの夜を楽しんで！

奄美大島の繁華街と言えば「屋仁川通り」（通称「やんご」）。大小200もの店舗が密集し、なんと天文館に次ぐ鹿児島2番目の規模なのだそう。離島が2位ってすごいな！

そんな、夕方からあてどもなく歩くのも楽しい町。ふと上を見ると、目に入ったのが窓ガラスに映るカラーライト。なんじゃあれ……。看板には「ダンスクラブ キャッスル」と書かれており、「カラオケ＆飲み放題」。さらにズンドコと音楽も聞こえる。むー、これは行ってみるでしょう！

入ると、そこはガチのダンスフロア。妙齢の奄美のお姉さまたちがロングスカートで社交ダンスのレッスン中でした。「呑めますか？」と聞くと「どうぞ～」とカウンターに通されたので黒糖焼酎を。社交ダンスを眺めながら酒を呑むの初めて……。

結果的に4日毎晩通い、ママとイケメン真《まこと》先生にダンスを教わったり、話を聞いてもらったり。カラオケを歌うとバックダン

「ASIVI」は週末になれば島一番の本格ライブハウスに！　島外からのアーティストも頻繁に訪れて盛り上がるそう。ピクニックに行くなら、スーパーでお酒を調達するほかお惣菜コーナーもチェック。「とんこつ（骨つき豚肉の煮物）」など県外ではあまり見ない地元ならではのお惣菜をゲットできます。

生オリオンからカクテルまで！

気さくでやさしい
女将さんなので
リラックスできる！

ゆっくり集い
くつろぐの意味

美人女将を目当てに通う奄美の紳士も多いに違いない……と思わせるオトナの居酒屋。奄美の貝「とびんにゃ」などつまみもズラリ。０次会とシメで１日２回行ったこともあるなあ。

サーをしてくれるのも最高なのでぜひ！

毎日行ったと言えば、前を通りかかって「ここはアタリな気がする」と入った居酒屋「ゆらい処」。素敵な銀髪の美人ママが切り盛りする店で、「かつおハラミ」が激うま！　ついボトルも入れちゃいました。島のお偉いさま方が夜な夜な通うという奄美の紳士の社交場。現地若者に聞いたら「行ったことないっす！」だそうなので、大人の階段的な店なのかしら。

島の音楽の中心地が「ROAD HOUSE ASIVI」。週末はライブハウスになりますが、平日はダイニングバー。長いカウンターで200種以上（！）のドリンクを楽しめます。バーテンダーの皆さんが超気さくなので、ひとりで行っても楽しめるはず。

ただひとつ、屋仁川通りで残念なのが、昼呑みできる店がほぼ皆無なこと。そこで私が辿り着いたのは、「つまみを買って海辺でピクニック呑み」！　「さしみや金久店」で刺し身、「奄美つきあげ」でつきあげを。あとはスーパーでお酒も買ったら海辺へゴー。「ponopono」のユウジさん（P110）にいい浜辺を聞きに行くと、いろいろやさしく教えてくれますよー。

Information

- ダンスクラブ キャッスル ☎ 0997-53-0735
- 煮込み料理 ゆらい処 ☎ 0997-52-7008
- ROAD HOUSE ASIVI ☎ 0997-53-2223
- 名瀬浜里町の三角公園
- さしみや金久店 ☎ 0997-53-5179
- 奄美つきあげ ☎ 0997-52-2706

地元民しか知らない
小さなビーチも
たくさんあります

第3章

島の空気に不思議とハマる
多国籍な食事処

約200軒もの飲食店があるだけに、中心地にはさまざまな店がそろいます。面白いのは、和食ではない料理店の多彩さ！島食材を上手に活かすコラボを楽しんで。

島でとれたマコモダケを使った「マコモ入りガパオライス」（期間限定）はホーリーバジルの香りがふわり。初収穫を迎えた青パパイヤで作ったサラダ「ソムタム」も人気。

ウチクレ茶屋 万寿果

自分で育てたタイ食材で 奄美にエスニックの風！

店名の「万寿果《まんじゅか》」とは和名で、「パパイヤ」のこと。奄美の方言ではマンジョマイ。タイでもよく使われるこの野菜（熟す前の青いもの）を店名にしたのは、タイ料理と島をつなぎたいと願う店主の想いからなのだそう。

「僕は東京でアジア料理を10年勉強して、故郷であるこの島へ昨年戻ってきました。タイと似た亜熱帯気候の島で、これまで自分が勉強してきたことを活かせたらと思っています」

奄美大島でのパパイヤの食べ方と言えば「パパイヤ漬け」が基本だけれど、タイのサラダ「ソムタム」にすれば本場さながらの味！「パパイヤは、今年やっと初収穫できました。ホーリーバジルやバイホラパー（スイートバジル）、こぶみかんの葉なども育てていて、最終的にはタイ米も自分で作れたらいいですね」。

南国感あふれる店内には、DJブースやステージも設置。島内外からミュージシャンなどのゲストを呼んで、イベントをすることも多いそう。シンハービールを飲みながら辛いタイ料理を食べて、音楽を聴くなんて楽しいに違いない！新しい島の楽しみ方ができそうだな。

常夏気分で食べに来て！

Information

大島郡龍郷町浦 514-1
090-7472-2725
11:30 ～ 15:00、18:00 ～ 22:00
休 木曜（不定休　電話にて問い合わせを）

「島豚リエット」というメニュー名からは想像のつかないシュー生地仕立て。ふわふわのシューに濃厚リエットが合いすぎる！

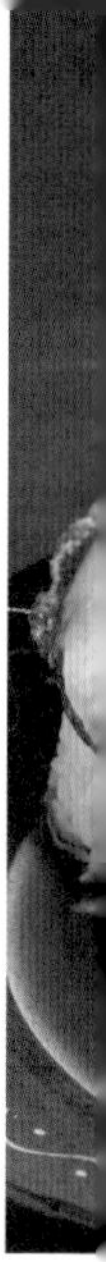

架空食堂 Kurau

島豚シャルキュトリーは必食の小さな食堂

「奄美黒豚あかりんとん」を使ったシャルキュトリー「自家製ソーセージ」。黒豚の強いうまみと甘い脂がベストマッチ。季節の島野菜のグリルがたっぷり添えられます。付け合わせは時期により変わります。

ソーセージ焼けてます！

Information

- 奄美市名瀬金久町 16-6
- 070-5817-0493
- 18:00 ～
- 休 日曜

暗めの通り（島なので！）を歩いていて、大きなガラス扉からオレンジ色の温かい光がもれているのに気づいたらこちらのお店。中に入れば、手書きの黒板メニューに欧州の雑貨がズラリ。カウンター内から、オーナーシェフご夫妻が迎えてくれます。わー、なんだかおいしいものが食べられそうな雰囲気！

もともと島の人であるシェフが福岡のお店で働いた後、島に戻って始めた食堂。「具体的な店舗も決まっていなかった時期に、〈架空食堂〉という名前でブログを始めて料理を紹介していたのが店名のきっかけです」。

ぜひ食べてほしいのが、奄美ならではの島豚＝黒豚を使った料理。半頭～一頭を丸ごと買い付け、あますところなく使いきるシャルキュトリーがめちゃうまい！

「福岡にいたころから、島に戻ったら島豚でシャルキュトリーをやろうと思っていました。島豚はうまみが強い分、野性味も強いので、部位やスパイスの組み合わせを考えるのが楽しいですね」

おいしくてリーズナブルなワインと、奥様が焼くパンも料理にぴったり。がっつり食べたいときに、また寄らせていただきますねー。

Pousser《プッセ》

東京で22年腕を振るったシェフの本気ソースが最高な島食材フレンチ

島の白身魚を
特製ソースで！

東京でシェフをしている友人から、「尊敬する先輩シェフの店があるから、ぜひ行って」とすすめられたのがこちら。聞けば、伝説の原宿「オー・バカナル」などで22年間腕を振るい、故郷である島へ戻って始めたビストロだそう。

「この場所は、もともと実家がやっていた薬局です。建物を半分にして壁を立て、レストランに改装しています」

　戻ったからにはと、メニューにも島の食材を意欲的に導入。とはいえ、久しぶりに島へ戻ったゆえに気づくことも多々あるのだそう。

「季節の食材を使おうと思うと、自然のものだけに使える時期が非常に短い。だから定番メニューもしょっちゅう変えています。魚の味わいも独特で、焼き方ひとつで香りがガラッと違ってきたり……。一筋縄ではいかない食材が多いので、それを試すのが楽しいですね」

　島で豊富にとれる柑橘類は、島の魚によく合うとシェフ。4月はたんかん、7月はパッションフルーツ。バターと組み合わせてソースにすると最高……って、なんておいしそうなの！　と思ったら、お土産用に商品化もされていました。そんなの、即買って帰ったに決まってるよね。

Information

奄美市名瀬入舟町 17-10
0997-69-3922
11:30 ～ 14:00(L.O.)、
18:00 ～ 21:00(L.O.)
休 月曜

この日のランチの魚メニューは、「奄美産白身魚のソテー」。添えられる自家製のセモリナパンも大人気だとか。バジルソースほか、「島豚のリエット」や「パッションバター」など瓶詰でのお持ち帰り商品もチェックして。

お土産もいろいろ！

オパッキャマラド（AU PAS CAMARADE）

ブラジルと奄美が陽気すぎるコラボ！

季節の島果物の果汁を入れたマリネ液に漬けて焼く島豚「あかりんとん」のスペアリブには、「ビナグレッチ」というブラジルのビネガーソースを添えて。前菜の盛り合わせにも島野菜が多数使われています。カウンター左にある某チキンチェーン風の入れ物は、久保さんのパロディ似顔絵つき。「クボ・フライド・チキン」で「KFC（！）」として、クリスマスに活躍するのだそう。

Information

- 奄美市名瀬伊津部町 17-24 1F
- 0997-58-8689
- 11:30 ～ 14:00、
18:00 ～ 22:00（21:00L.O.）、
日祝のみ 15:00 ～ 20:00（18:00 最終入店）
- 休 月曜

「もう驚かないぞ！」というほど各国の料理が集まる奄美大島。なんとブラジル料理もあるらしい。なんでまたブラジル……？

「私が東京のブラジル料理店で、12年ほど働いていたんです。島に戻るにあたり、そういえばブラジルと島に共通点が多いなあと気づいて」と明るいラテンムードの漂うシェフ、久保 歩さん。

「奄美大島には、昔からお正月に豚を塩漬けにする文化があります。同じくブラジルも、豚のしっぽなどすべての部位を塩漬けにして、フェジョアーダなどの煮込み料理に使う習慣がある。暑い土地ならではの知恵ですよね」

月に一度は店の前でドラム缶のオーブンを出し、ブラジル焼き肉「シュラスコ」をするのだとか。もっと島に浸透してもらえたらと、ほかのブラジル料理のビュッフェつき！ それいいなあ。

「まだまだブラジル料理だけでは大変なので、島食材を使ったノンジャンルの料理も出しています」と出てきたのは、島ならではの野菜や豆を使ったお惣菜料理。含め煮や塩昆布和えなどブラジル風ではなくてもおいしくて、ただ久保さんの料理を食べるためだけにリピーターになりたいほど。なんだかそれも島らしくていいなあ。

COLUMN 08

ツレヅレハナコが買う！

奄美で買うならこんな店。珍味から黒糖焼酎、木工まで網羅して！

花器も器も一点もの！自分だけの作品を連れて帰ろう。

ガジュマルなど島に自生する天然木を使って、作品を制作する木工作家さんの店。丸みのあるフォルムは撫でても落ち着く……。

「Woodworks CUE」

☎090-7455-4395

熟成状態によってみその色が違います。店頭で好みを選択！

これぞ島の土産。おやつはもちろん酒のつまみにも！

空港や土産店でも手に入るオススメ珍味が「パパイヤもずくキムチ」。島のお母さん考案の、奄美にしかない組み合わせがクセになる！　喜界島の名産「黒糖そらまめ」と、島のお茶うけの定番「高倉みそ」もお買い忘れなく。

「奄美パパイヤもずくキムチ」
赤木名キムチ工房
☎0997-63-2670

「黒糖そらまめ」
荒木食品
☎0997-65-1544

「奄美大島 高倉みそ」
高倉みそ
☎0997-52-0148

蔵の歴史なども聞いたら楽しく買い物できそう！

島で一番数多くの黒糖焼酎をそろえている酒店。行ってみれば仰天！　棚一面には果てしなく並ぶ黒糖焼酎のボトルが……。店主の前川さんは地元・名瀬の生まれ。黒糖焼酎の魅力を伝えたいという熱い方なので、ぜひドシドシ質問して購入してみて。

酒屋まえかわ

☎0997-52-4672

第4章

伝統工芸から最新農法まで…生産者がアツい！

大島紬で知られる伝統工芸や、奄美群島でしか許されていない黒糖焼酎造り。そのほか老舗でも進化を続ける生産者が多数！島ならではの「もの作り」を進める、ストーリーのある生産者を訪ねました

金井工芸

1300年の歴史ある〈泥染め〉で新プロダクトを作るモダン工房

Information

大島郡龍郷町戸口 2205-1
0997-62-3428
http://www.kanaikougei.com

伝統技法で染めた藍色の作業着で解説してくれた職人の金井志人さん。「好きなものを染める工房体験も受け付けているので、気軽にご予約ください」。泥で染めたら、近くの川に持っていき流水で泥を洗い流します。すべて自然由来のものを使っているため、しっかり洗い流しても川を汚すことがないのだそう。

奄美大島の伝統工芸と言えば、泣く子も黙る大島紬。よく年配の方が着ている、黒くて高級な着物でしょ？ そんなイメージで訪れた龍郷町の「金井工芸」は、いろいろな意味でカルチャーショックを受けた工房でした。

「大島紬で用いられる〈泥染め〉という技法は、1300年ほど前からある奄美大島独自の文化。島内に自生する〈テーチ木（シャリンバイ）〉という木を煮だした染料で糸を染めた後に、泥田に浸す作業を計100回近く繰り返すことで大島紬を織るための糸ができあがります。あまりに製造工程が多いので、個人では不可能。分業制が基本です」

そう教えてくれたのは、職人の金井志人さん。あの光沢のあるシブい黒色は、そんな果てしない作業を経て作られるのか……そりゃ高級なわけですよね。

実際に作業場を見せてもらうと、ガンガン炊かれる大鍋で「テーチ木」が煮だされている真っ最中。「2日間煮出し、3〜5日寝かせたテーチ木染料で糸を染めたら、裏庭の泥田に浸して染めていきます」

「染料自体は酸性なので、石灰を加えてアルカリで中和させ、染めが促進されるように調整します。石灰のない昔は、珊瑚の死骸を焼いて砕いた焼石灰を使っていたんですよ。泥で洗うのは、泥に含まれる鉄分が〈テーチ木〉のタンニン酸と結合して黒い褐色になるから。古くからある技法ですが、基本は化学ですね」

そして、この伝統技法を守りながらも新しい取り組みを始めているのだそう。

「同じ技法で新たなプロダクト開発をしています。大島紬では黒い糸以外は使いませんが、明るい色で染めて衣服やラグ、のれんを作ったり」。ギャラリーをのぞくと伝統的かつモダンな作品ばかり。ほ、欲しいー！ 新たな取り組みに期待がふくらむ出会いとなりました。

水間黒糖製造工場

混ぜものなし！ まじめな純黒糖

工場に入ると真っ白な煙がもうもうと立ち上っていて、その向こうに黙々と作業をする職人さんが見えた。大きな桶の中身は、さとうきびを搾った茶色い液体。それを、ひたすら棒でかき回しているらしい。

「今は、搾り汁の水分を飛ばしているところ。重油と薪の直火でおおまかに煮詰めたら、もうひとつの釜に移して余熱でさらに煮詰める。ずっと直火だとこげちゃうからね」と職人さん。

10分の1（！）の量になったら、今度は攪拌用の釜に移します。「こうして空気を入れないと黒糖になりません。何分という決まりはなくて、その日の状態で加減を変えています」。それを天板に流すと、すぐ固まって黒糖に。できたてをひと口いただくと、なんとも味わい深い甘さ！

「うちのは、さとうきびと食用石灰だけで混ぜものなしの純黒糖。お茶うけのほか、島では具合の悪い時に食べる薬のような存在でもあります」

毎回味が違うので、釜ごとの商品分けなのも面白い。食べ比べると塩っぽいのもあれば、激甘のもあれば……。好みで選ぶそうだけれど、さとうきびだけってことがよくわかる。感動しました。

Information

大島郡龍郷町中勝 1400

0997-62-2431

空港の近くにある畑と工場の裏の畑で育ったさとうきびを使用。300 キロのさとうきびが 30 キロになるまで煮詰めていく。天板に流して固めたあとは、手作業で割って袋詰め。工場の店頭で販売もしているため、地元の人はもちろん、純黒糖の味が忘れられない観光客のリピーターもよく訪れるそう。

島の太陽を浴びたさとうきび！

楠田ファーム

島中のレストランが信頼する元気いっぱいのオーガニック野菜

島のレストランを訪ねるなかで頻繁に聞いたのが「楠田《くすだ》ファームのオーガニック野菜を使っています」という言葉。どこも「野菜がおいしいなあ」と思うところばかりだったので、どうしてもお話を聞きたいと急遽、畑へ伺うことに！

「2000年にはJASオーガニックの認定を取りました。書類が大変だし、充分認知もされているから、今年はもう認定申請してないんだけどね」と笑いながら話してくれたのは楠田哲さん。それにしても、かなり早い！

「もともと島の人間だけれど、大学から鹿児島の農業大学へ。その後はカリフォルニアとメキシコに農業留学をしたんです。カリフォルニアで出会ったのがオーガニック農業。島へ戻ってすぐに取り入れたけど、最初は偏見がすごかったよね。今では、かなりやりやすくなったかな」

畑を見せてもらうと、一面に育っているのは南国の太陽を浴びた元気いっぱいの野菜やハーブたち。敷地内には25品目以上も植えられているのだそう。「少量多品目が基本。島の内外に毎週野菜ボックスを届けているから、飽きないようにね」と楠田さん。いいなあ、私も申し込んじゃおうかな。そう本気で思っているのです。

Information

奄美市笠利町大字平 1114

「もうJAS認定は取っていないけれど、今はそれよりきついしばりで野菜を育てている」と話す楠田哲さん。子育ても終わったので、「もうバリバリもうけなくても、楽しいほうがいい」と少量多品目を実践しているのだそう。畑の近くには無人販売もあり、野菜が置いてあればラッキー！　すぐに買うべし。

富田酒造場

島一番の小さい蔵で造る
全工程がかめ仕込みの黒糖焼酎

奄美大島の酒と言えば黒糖焼酎！ 名前通りさとうきびから作る黒糖を主原料とした焼酎で、奄美群島でのみ製造を許されているお酒です。「龍宮」の銘柄で知られる「富田酒造場」は、島で一番小さい規模の蔵。見学に伺うと、若き後継者の富田真行さんが迎えてくれました。

「黒糖焼酎造りの基本は、まず麹を作り1次仕込みをして酒母を作ります。次に、主原料である黒糖を混ぜて2次仕込みのもろみ作り。それを蒸留すると黒糖焼酎の原酒ができあがりです」。ざっくり言えばそうなのですが、この蔵のすごさは1次2次ともに甕《かめ》で仕込みをおこなうこと。「両方を甕で仕込む蔵は、奄美大島ではうちだけですね。手間もかかるし造れる量も少ないですから」。見せてもらった仕込み場に並ぶのは地中に埋められた大甕。この甕についた蔵つき酵母が、蔵独自の黒糖焼酎を造り出すのだとか。

おどろいたのは、「天候や土壌の状態によって毎回違うものができるけれど、それでいい」という言葉。なんだかナチュールのワインみたいじゃない？ 先代からのポリシー「あるがまま」を体現する若手が頼もしくて、ついつい話しこんでしまったのでした（もちろん呑みながら！）。

Information

奄美市名瀬入舟町 7-8
0997-52-0043
https://www.kokuto-ryugu.co.jp

案内をしてくれた4代目の富田さん。もちろんご本人も無類の酒好き。主力商品の「龍宮」ほか、上品な甘みの「まーらん舟」など飲み比べが楽しい。ラベルは社長の手書き（！）。

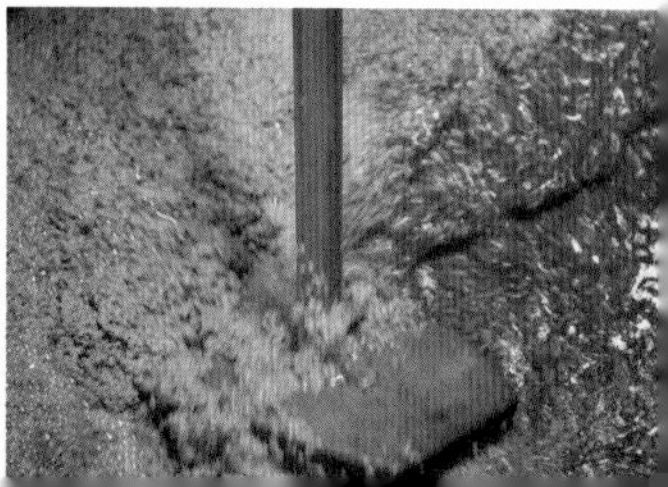

弥生焼酎醸造所

常圧蒸溜ならではの仕上がり！ガツンとうまい黒糖焼酎の人気蔵

初めて奄美大島へ行ったとき、ひとりふらりと立ち寄ったのがこの蔵でした。「まんこい」という黒糖焼酎を造る蔵で、突然立ち寄った私にも（今は要予約制！）気さくに対応してくれたのが４代目社長の川崎洋之さん。その解説がわかりやすくて、すっかり黒糖焼酎のファンになって帰ったのでした。

「うちの特徴は、常圧蒸溜を大切にしているところ。スッキリ飲みやすく仕上がる減圧蒸留という蒸留法もあるのだけれど、僕はガツンとした仕上がりの常圧蒸溜が好み！」と川崎さん。わかるー。私もガツンとした酒が好き＝「まんこい」めちゃうまい。まるでラム酒のような甘みで骨太感のある黒糖焼酎なのです。

大正11年創業の老舗ながら、今でもよりよい酒造りに余念がない川崎さん。「新しい酒の実験をしていると、タンクが足りなくなっちゃう。でもうちの酒を好きだと言ってくれる酒屋にしか売りたくないから、なかなか減らないんだよね」っておもしろすぎる……。自分の好きな酒を好きな人に届けたい。その想いがおいしい酒を生み出す力になるのかも。

樫の樽で寝かせる焼酎など、新たな酒造りにも積極的。杜氏でもあり販売、PRも務める川崎さんが綴るブログには、黒糖焼酎をめぐる日々のできごとが赤裸々に語られ読み応えあり！

Information

奄美市名瀬小浜町 15-3

0997-52-1205

http://www.kokuto-shouchu.co.jp

HOTEL 04

Amamian style pension Green Hill

アマミアン・スタイル・ペンション グリーンヒル

目の前は海で、周りには緑もいっぱい。テラスに作った鳥のエサ場には、珍しい南国の鳥ルリカケスも現れます。食事は宿のお父さんが畑で作った無農薬野菜をはじめとした島の食材を使用。

Information

大島郡龍郷町赤尾木 1747-5
0997-62-5180
https://greenhill-amami.com

俺が育てた野菜
食べにおいでー

ペンションと聞いて想像するのは、山や森にありそうなカントリーテイストの宿泊所。でも、ここ奄美大島には海のペンションがあるのです。「サーファー御用達」と聞いて一瞬ひるんだけれど、「宿のお母さんが作るごはんが超おいしい」と聞けば行ってみたい！

　海が見えるおしゃれなカフェの2階が新館宿泊フロア。部屋はシンプルな個室ですが、宿泊には充分な設備です。ペンションならではなのが、宿泊者全員が一堂に集まる夕食。大きなテーブルに、料理がズラリと並ぶさまは壮観！

　刺し身や煮もの、揚げものなど島の食材をたっぷり使った料理は、ボリューム満点。そして、確かにどれもおいしい〜。ボトルの黒糖焼酎がテーブルを行きかい、隣の人との会話も自然とはずみます。ときにはサンシンと唄でのもてなしに地元の人が飛び入りすることも。

　ひとり客から毎年家族で訪れるグループまで、共通するのはこの日の島の夜を楽しんでいること。宿のお父さん名物の激しいおしゃべり（ぜひ体験を！）もいい思い出になること間違いなしです。

奄美で泊まるなら！

HOTEL 05

THE SCENE

ザ・シーン

全21室すべてがオーシャンビュー！外を眺めるだけでも楽しいし、朝日も夕日も存分に堪能できます。目の前に見えるのはフェリーですぐの加計呂麻島。

Information

大島郡瀬戸内町蘇刈970
0997-72-0111
https://hotelthescene.com

「全室オーシャンビュー」というホテルはよくあるけれど、この迫力には本当に感動！　部屋に入れば、壁いっぱいにドーンと大きな窓。離島ならではの美しい海が視界いっぱいに広がります。

　ホテルがあるのは中心地から車で1時間ほどの場所にある瀬戸内町。海の向こうには加計呂麻島が見える、奄美大島の最南端エリアです。

　このロケーションで楽しめるのが、目の前のビーチでのマリンアクティビティやビーチヨガ。インドア派の人には、島で唯一の天然温泉やスパもあります。私はビーチにハンモックを持っていき、のんびり昼寝するのが最高だったな〜。

　食事は海が見える広々としたダイニングルームで。島産の肉や魚をはじめ、地元の農家さんが作った野菜をたっぷり使ったヘルシーな料理を楽しめます。私は和食のコースを選びましたが、島魚の土鍋ごはんに悶絶！　黒糖焼酎もガンガンいただいてしまいました。

　島の中でも別世界を味わえる最南端ホテル。ぜひドライブ気分で出かけてみてはいかが？

島食材がたっぷり！

ホテル目の前のビーチでは、シュノーケリングやSUP（スタンドアップパドルボード）、カヤックなどのマリンアクティビティが楽しめます。ビーチサイドでのヨガや、夜光貝アクセサリー作りほか、島唯一の天然温泉で体の芯から温まるのもオススメ。食事は和食とイタリアンから選択して、島食材をたっぷり使ったヘルシーなフルコースを。

COLUMN 09

ツレヅレハナコが行く!

奄美大島の南端から船で20分。時間の流れが確実に違う魅惑の島

さとうきびの搾り汁を煮詰めたものを、蔵に残る天然の常在菌で自然発酵させる酢。400年以上の歴史がある加計呂麻島独自の製法。熟成が必要なため、完成までには4年が必要。

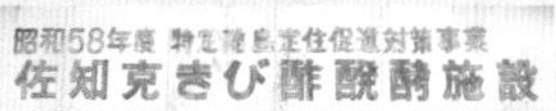

Information

西田きび酢加工場

大島郡瀬戸内町佐知克
0997-76-0117

熟成が造り出す
まろやかな酸味

Information

かなめちゃん

大島郡瀬戸内町諸鈍344
0997-76-0132

たこ焼きがあれば
ラッキー!

諸鈍地区のデイゴ並木入口にある小さなレストラン。美しい海が目の前に広がるテラス席で、定食などの日替わりランチをいただける。日によっては、たこ焼き、焼きそばなどのメニューもあり。

奄美大島の最南端・瀬戸内町にある古仁屋港からフェリーで20分。そこに、奄美群島の中で最も美しいとも言われる加計呂麻島があります。正直、私はこの島の名さえ知らなかったのですが、なんだか響きがいい。そして、離島から離島へという「もはや外国」感もたまらない!

フェリーを降りれば、眼前の海が本当に美しい。数々の離島の海を見てきましたが、なかでも5本の指に入る透明度なのでは。そして、さすが人口1700人。人が全然いない……お昼食べるところあるのかな。

そんな心配をよそに辿り着いたのが諸鈍集落。映画『男はつらいよ』のロケ地にもなった場所だそうで、海沿いには樹齢300年のデイゴの並木道が続いています。5~6月には真っ赤なデイゴの花が咲くそうで、さぞ美しいだろうなあ。

ランチに伺ったのが、「かなめちゃん」というオープンエア店。「たこ焼き屋」だと聞いていましたが、この日は「ありません」! いさぎよい! でも代わりにグリーンカレーなどのランチがあり、副菜までバッチリおいしい。海を眺めながら、缶チューハイ片手にのんびり待つのも島時間でいいものです。

食事を終えたら、ドライブがてら「西田きび酢加工場」へ。さとうきびから造る「きび酢」の蔵で、甕で熟成された酢はまろやかで絶品! さっそく買って帰り、加計呂麻島の思い出を楽しみました。

おわりに

「南の島へ行きたいなあ」とぼんやり思うのは、
例えばどんなときでしょう。
忙しいとき、疲れているとき……
どこかポジティブなものを欲しているときに、
南の島に宿るエネルギーを求めるような気がします。

島でアクティブに動いて元気になる人もいるけれど、
私は、ひたすらのんびりだらだらするだけ。
ビーチにも行かないし、カヤックにも乗らない。
けれども、ビーサンで島をふらふらと散歩して、
現地の食材を使ったイタリアンへ行き、
泡盛ではなく冷えた白ワインを飲んで、
ちょっと奮発したホテルのふかふかベッドで寝る。
それだけで、じわじわ何かがチャージされていきます。

誰かと訪れるのもいいし、ひとりだっていい。
「島時間」と呼ばれるゆるやかな時の流れを、
自分のペースで過ごせるのが離島の醍醐味です。
あえて食べるだけ、呑むだけに全力投球するのも、
とても贅沢な大人の旅のかたち。
ぜひ、思い立ったらチケットを手配して、
肩の力を抜いた南の島を楽しんでみてください。

２０２０年６月　ツレヅレハナコ